Die schönsten Wanderungen in Südtirol

Band 3
Im Eisacktal und in den Dolomiten

D1717311

Manfred Kittel

Die schönsten Wanderungen in Südtirol

Band 3: Im Eisacktal und in den Dolomiten

25 ausgewählte Erlebnisziele

Tappeiner Verlag

Titelbild: In der Langkofelgruppe

Bildnachweis:
Sämtliche Aufnahmen dieses Bandes
stammen aus dem Archiv der Tappeiner AG.

Aktualisierter Nachdruck 2004
Gedruckt auf chlor- und säurefreiem Papier

ISBN 88-7073-345-9

Inhalt

Anstatt einer Gebrauchsanweisung   9

WIPPTAL

1. **Gossensaß**
   Auf der Hühnerspielalm   13

2. **Sterzing**
   Über die Eisack-Promenade nach Sprechenstein   15

3. **Ratschings**
   Schloß Wolfsthurn über Mareit   21

4. **Stange-Ratschings**
   Durch die Klamm aus weißem Marmor   24

5. **Freienfeld**
   Von Maria Trens zur Aussicht von Valgenäun   27

6. **Freienfeld**
   Zum Reifenstein   30

BRIXEN UND UMGEBUNG

7. **Vahrn**
   Zur Neustifter Engelsburg   33

8. **Brixen**
   Zu den Schätzen der Hofburg   37

   9. **Natz-Schabs**
      Auf der Natzer Hochfläche   40

  10. **Rodeneck**
      Zum Schloß der Wolkensteiner   42

  11. **Feldthurns**
      Ein Schloß im Spätrenaissancestil, den es in Süd-
      tirol nicht gab, benannt nach Herren, die beim
      Bau bereits ausgestorben waren   46

DOLOMITEN

  12. **Villnöß**
      Zu den Wildgehegen der Zannser Alm   51

  13. **St. Ulrich**
      Nach St. Jakob hinauf   54

  14. **St. Christina**
      Zum Renaissanceschloß „I Ciastel"   56

  15. **Wolkenstein**
      Zur Raubritterburg   59

  16. **Seis**
      Erinnerungen an die Wolkensteiner auf Hauen-
      stein   62

  17. **Völs am Schlern**
      Die Feste aus der Maximilianszeit   66

  18. **Seiser Alm**
      Im Wanderparadies der Dolomiten   69

  19. **Welschnofen**
      Auf den Spuren der Kaiserin Sissi   71

UNTERES EISACKTAL

20. Klausen-Gufidaun
Nach Fonteklaus   74

21. Klausen
Die Kirche von Säben   76

22. Waidbruck
Näheres über die Wolkensteiner und Modelle von
Südtiroler Burgen   79

23. Lajen
Zum Wetterkreuz   82

24. Barbian
Spaziergang zu den drei Kirchen   86

25. Steinegg
Aussichtspunkt und Erdpyramiden   89

Register   94

Anstatt einer Gebrauchsanweisung

Wie die Erlebnisziele, die in diesem Buch vorgestellt werden, ausge-
wählt wurden und wie man sie angehen kann.

Der Autor hat sich die Aufgabe gestellt, zunächst einmal Ziele auszu-
wählen, die für jedermann zugänglich sind, also auch für Senioren, für
Familien mit Kindern, für solche, deren Bewegungsfreiheit einge-
schränkt ist, Behinderte zum Beispiel, und für solche, die einfach
keine Lust haben, größere Strapazen auf sich zu nehmen, wie längere
Wanderungen über größere Höhen.
Die meisten Ziele sind notfalls mit einem Verkehrsmittel zu erreichen
– mit Pkw, Bahn, Bus, Seilbahn. Werden Wanderungen zu diesen
Zielen vorgeschlagen, so sind die Routen meist nicht länger als maxi-
mal 10 km hin und zurück.
Es geht kaum über mehr als 300 Höhenmeter. Die Gehzeit beträgt
selten mehr als 3 Stunden. Und alles ist ohne Schwierigkeiten zu
vollziehen. Es gibt also keine ausgesetzten Stellen, verwachsenen
Pfade, extremen Steigungen.
Der Ausgangspunkt ist immer gut erreichbar. Eine Reihe der ausge-
wählten Ziele ist zu jeder Jahreszeit, bei jeder Wetterlage anzusteuern.
Es wurde darauf geachtet, daß unterwegs oder am Ziel gute Einkehr-
oder Rastmöglichkeiten geboten sind.
Und immer steht der Erlebnisgehalt im Vordergrund, sei es in Form
eines Natur- oder Kulturdenkmals, einer besonders schönen Aussicht.
Kultur, Kunst, Geschichte, Brauchtum; alles, was besonderes Interes-
se wecken kann, kann also diesen Erlebniswert ausmachen.
Schließlich sind die Ziele so gehalten, daß sie einschließlich An- und

Die Ortschaft Teis liegt über dem Eingang ins Villnößtal.
Im Hintergrund die Gipfelkette der Geislergruppe. Luftaufnahme.

Abreise einen Tag Freizeit ausfüllen können. Die Entfernungsangaben lassen sich so übersetzen: bei Steigungen 3 km/Stunde, in der Ebene 4 km/Stunde reine Gehzeit.

Die Kapitel sind so aufgebaut: Es folgt zunächst eine kurze Charakteristik des Zugangs zum Erlebnisziel. Danach wird einiges über den Ort des Geschehens und das Ziel gesagt. Vor den technischen Angaben – Zufahrt, Bahnverbindung, Busverbindung, Einkehrmöglichkeiten, Auskunft, Karte – gibt es nochmals eine ausführliche Wegbeschreibung. Die Informationen sind so aktuell, wie sie beim Redaktionsschluß dieser Auflage möglich waren. Da sich viele Gegebenheiten allerdings rasch ändern können, sind Verlag und Autor dankbar für Hinweise auf diese Änderungen. Auch Tips und Anregungen für weitere Ziele werden gern entgegenge-nommen.

Quellenhinweis

Sämtliche Informationen über die einzelnen in diesem Band beschriebenen Ortschaften und Sehenswürdigkeiten wurden vom Autor vor Ort ermittelt oder stammen aus zur Verfügung gestellten Unterlagen der jeweiligen Verkehrsämter. Die fertigen Texterfassungen der Kapitel haben ausnahmslos den Verkehrsvereinen und Verkehrsämtern zur Begutachtung vorgelegen. Verlag und Autor bedanken sich an dieser Stelle nochmals ausdrücklich und herzlich für das von seiten dieser Vereinigungen gezeigte Interesse und für deren teilweise außerordentlich intensive Unterstützung.

Manfred Kittel

Zur vorangegangenen Doppelseite:
Blick über die Stadt Brixen nach Norden zur Kette der Pfunderer Berge. Im Vordergrund die Mündung der Rienz in den Eisack, dahinter die Hochfläche von Natz-Schabs.

Wipptal

1. Gossensaß

Auf der Hühnerspielalm

Der Lift bewältigt ein gutes Stück der Aufstiegshöhe. Von 1830 m wandern wir in einer guten halben Stunde zur Platzalm. Eine einmalige Aussicht auf die Gipfel des Alpenhauptkamms, der Ötztaler und Sarntaler Alpen und der Ortlergruppe bietet sich auf diesem Spaziergang, der uns wieder zurück zur Bergstation der Hühnerspielhütte führt. Wer will, kann aber auch auf einem wunderschönen Weg über Riedberg hinunterwandern und dabei noch die Ruine Straßberg besichtigen. Gehzeit ohne Abstieg 1 Stunde und 100 m Höhenunterschied, mit Abstieg 3 Stunden und gut 800 m Höhenunterschied.

In Gossensaß war Henrik Ibsen (1828–1906) Kurgast, und zwar in den Sommermonaten 1876–1878, 1882–1884 und 1889. Und er schrieb: „Sei stets beglückt du schöne Gegend. Aufwiedersehen ihr lieben, treuen Menschen!" Ibsen wohnte im sogenannten Schweizerhaus des damaligen Großhotels Gröbner, das sich heute Sporthotel nennt. Hier schrieb er die szenischen Aufrisse zu den „Stützen der Gesellschaft", begann die Arbeiten zu „Nora", beendete den „Volksfeind", schrieb „Die Wildente" und faßte den Plan, „Hedda Gabler" zu schaffen; hier hat er im zweiten Akt Gossensaß verewigt. Bei den Nachkommen der Familie Gröbner finden sich Briefe und Fotografien als wertvolle Erinnerungsstücke. Dorfleute gaben dem Gast den Namen Bachmandl, weil der Dichter gern an den Ufern von Eisack und Pflerschbach spazierenging.

Gossensaß wurde 1908 von Kaiser Franz Josef zur Marktgemeinde erhoben. Ursprünglich war es der Bergbau, der das einst arme Bauerndorf im 15. Jahrhundert zu wirtschaftlicher Blüte führte. Rund 1200 Knappen arbeiteten in den Gruben und förderten Zinkblende, Bleiglas

*Malerischer Überrest mittelalterlicher Wehrhaftigkeit: die Ruine
Straßberg am Weg zum Hühnerspiel.*

und Silbererze ans Tageslicht. Ein eigenes Silberwechselamt hatte Gossensaß 1428, und der Ort war zeitweilig Sitz eines Bergrichters. Allerdings hat man 1818 die Bergbautätigkeit eingestellt. Die zweite Blüte kam mit dem Bau der Brennereisenbahn 1863 bis 1867. Ein internationales Fremdenpublikum gab sich hier ein alljährliches Stelldichein.

Westlich von Gossensaß eröffnet sich das Pflerschtal, auch Silbertal genannt wegen seiner Bergbauvergangenheit. 16 km zieht es tief ins Gebirge hinein. Am Nordwesthang des Ortes steigen Schotter- und Moränenterrassen zu den Höhen des Gibblbergs, und gegenüber dehnen sich die Almgebiete von Hühnerspielplatz und Riedberg aus. Brennerwärts liegt am Weiler Pontigl das einst traditionsreiche Brennerbad mit der Talstation des Zirogliftes. Im Süden ist Schloß Straßberg Ziel vieler Spaziergänge. Der Wehrturm der Ruine ist noch erhalten. Die Burg selber wurde in der zweiten Hälfte des 13. Jahrhunderts erbaut. Graf Meinhard II. von Tirol regierte damals. Im 16. bis 17. Jahrhundert verfiel sie.

Wir fahren von Gossensaß mit dem Sessellift zur Hühnerspielhütte, 1868 m (ein weiterer führt zur Amthorspitze in 2727 m Höhe), gehen auf Weg Nr. 11 von der Hütte aus südwärts zur Platzalm und zum Riedberg, 1974 m. Zurück auf gleichem Weg, oder Abstieg von der Riedbergbahn auf dem Fahrsträßchen, Weg Nr. 3, immer noch nach Süden, dann auf Weg Nr. 21a, rechts abbiegend, durch den Grabenwald hinunter zum Larchhof. Von diesem nordwärts an Straßberg vorbei, bereits in 1100 m Höhe, zurück nach Gossensaß.

Zufahrt: von Sterzing 5,5 km, vom Brennerpaß 9,5 km, auch Bus- und Bahnverbindung.
Einkehrmöglichkeit: Hühnerspielhütte.
Auskunft: Tourismusverein I-39040 Gossensaß, Ibsenplatz 2, Telefon 0472/62372.
Karte: Kompaß-Wanderkarte 1:50 000, Blatt 44 „Sterzing".

2. Sterzing

Über die Eisack-Promenade nach Sprechenstein

Man kann die Sache verkürzen, auf der Brennerstraße Richtung Freienfeld fahren und beim Gasthof Burgfrieden parken und dann in 20 Minuten zum Schloß Sprechenstein hinaufgehen. Viel interessanter ist es, 2 Stunden Weg einzukalkulieren und von Sterzing die Eisack-Promenade entlang zu wandern. Von Sprechenstein, das nicht besichtigt werden kann, führt ein Fahrweg nach Norden zum Weiler Wiesen, westwärts hinüber zu Schloß Moos und über den Gasthof Sonnenheim zurück zur Eisack-Promenade. Knapp 100 Höhenmeter sind dabei zu überwinden, und ein lohnender Spaziergang ist eingeschlossen.

Die Talweitung von Sterzing, in der Ridnaunbach und Pfitscher Bach in den Eisack fließen und die umrahmt ist von den Sarntaler, den Stubaier, den Tuxer und Zillertaler Alpen, war schon von illyrischen Volksstämmen, von den Breonen – daher der Name Brenner – und von den Genaunen besiedelt. Nachdem die Römer unter Drusus die Räter besiegt hatten, gründeten sie hier die Siedlung Vipitenum. Nicht nur der Mithrasstein im Innenhof des Rathauses zeugt davon. Die Völkerwanderung brachte später die Bajuwaren ins Land. Damals entstanden die Einödhöfe in der Gegend. Viele neue Ortschaften wurden gegründet, und der Name Sterzing erscheint zum ersten Male im Jahre 1204. Im Stadtwappen ist der sagenhafte Gründer „Störzl" verewigt. Er ist verbunden mit einem Hospital, einer Einkehrstation am Nordausgang der Stadt. Stadtrechte bekam Sterzing 1278 vom Landesfürsten Graf Meinhard II.
Zur Zeit des Bergbaues im Ridnaun- und Pflerschtal im 15. Jahrhundert erreichte Sterzing seine höchste Blüte. Damals arbeiteten in den silberhaltigen Gruben an die 1000 Bergknappen, die zum Teil aus Württemberg und Schwaben gekommen waren. Aus dieser Zeit stammt das Stadtbild der heutigen Neustadt: ein Bild mittelalterlicher Romantik, mit malerischen Laubengängen, mit dem Zwölferturm, dem gotischen Rathaus, den Lichthöfen, den Patrizierhäusern, dem Nepomukdenkmal (erbaut 1739), dem Jöchelsturm, der Peter-und-Pauls-Kirche, dem Deutschhaus am Ortsrand und der Pfarrkirche nahebei, die zu den größten Tirols zählt. Eine Fülle von Sehenswür-

Blick über die Dächer des Fuggerstädtchens, dessen Bild bis auf den heutigen Tag vom Mittelalter geprägt ist. Der Zwölferturm teilt Sterzing in die Alt- und Neustadt. Luftaufnahme (SMA 394)

digkeiten gibt es in und um Sterzing, von dem Straßen ins Pfitscher Tal, ins Ridnauntal, zum Jaufenpaß hinauf und übers Penser Joch ausgehen. Die wichtigste Verbindung ist aber die Brennerstraße, ist die Autobahn vom Brenner her nach Süden. Zahlreiche Burgen umrahmen den Ort: Reifenstein, die Thumburg, Sprechenstein, Strassberg, Moos und Wolfsthurn, zum Teil alte tirolische Lehen aus dem 11. und 12. Jahrhundert.

Vom Ortszentrum geht man in Richtung Bahnhof und zum Eisackufer, dem linken, an dem eine Promenade angelegt ist, mit Bäumen und Sträuchern. Frei ist der Blick auf das Sterzinger Moos und die umliegenden Berge. Vorab ragt weithin sichtbar Schloß Sprechenstein auf einem Felssporn des Wendelberges. Wir kommen also über die Flainerbrücke auf die mit 20b markierte Promenade, gehen auf dem Damm bis zur nächsten Brücke, queren den Eisack, kommen zur Autostraße, gehen hier südwärts weiter und wandern links ab zum Kircherhof. Von hier steigen wir in Windungen zum 1073 m hoch gelegenen Schloß hinauf, das im Besitze der Fürsten Auersperg ist. Der Bergfried ist einer der sieben Rundtürme Südtirols. Er stammt aus der ersten Hälfte des 13. Jahrunderts. Der Palas ist im 16. Jahrhundert gebaut worden. Der Wohntrakt enthält Wandmalereien aus dem 14. Jahrhundert. Interessant sind Wappensteine der Trautsons, die auch anderswo in Südtirol auftauchen, beispielsweise am Signalturm von Gargazon. Der Blick vom Schloßbereich in das Ridnauntal mit der Bergkulisse der Stubaier im Hintergrund ist großartig. Von der Burg führt ein Höhenweg unter dem Wendelhof vorbei durch Wald in die Ortschaft Wiesen. Von hier geht es auf einer Feldstraße weiter nach Schloß Moos, das heute Altersheim ist. Auf der Schmuderer Straße wandern wir nun nach Flains. Hier könnte man im Gasthof Sonnenheim einkehren, ehe wir zurück zum Ausgangspunkt kommen.

Zur vorangegangenen Doppelseite:
Die Farbenpracht des Wohlstands früherer Zeiten: Fassaden in der
Sterzinger Neustadt.

Zufahrt: 65 km auf der Brennerstraße von Bozen, 23 km von Brixen, 15 km vom Brennerpaß, Autobahnausfahrt.

Bahnstation, Linienbusverkehr mit Innsbruck und Meran (nur im Sommer).

Einkehrmöglichkeiten: zahlreiche Gasthöfe in Sterzing und Gasthof Sonnenheim.

Auskunft: Tourismusverein Sterzing, Stadtplatz 3, I-39049 Sterzing, Telefon 0472/765325.

Karte: Kompaß-Wanderkarte 1:50 000, Blatt 44 „Sterzing".

3. Ratschings

Schloß Wolfsthurn über Mareit

Aus den Stubaier- und Sarntaler Alpen fließt von Westen her, ins Eisacktal bei Sterzing mündend, ein Geflecht von Bächen, einige interessante Talschaften erschließend, die im unteren Teil sämtlich zur Gemeinde Ratschings gehören. Diese Talschaften bieten nicht nur eine großartige landschaftliche Umgebung, sondern zahlreiche Sehenswürdigkeiten, von denen Schloß Wolfsthurn im Ridnauntal, direkt mit dem Pkw anzufahren, zu den attraktiven gehört. Das Fahrzeug bringt uns nach Mareit, das 3 km von Sterzing entfernt liegt, und die wenigen Schritte auf den Hügel, der das Schloß beherbergt, gehen wir zu Fuß. Wir benötigen dazu nur Minuten über einige Höhenmeter. Zur Einkehr dann nach dem Schloßbesuch laden umliegende Gasthöfe.

Die Ortschaften des Jaufen-, des Ratschings- und des Ridnauntales sind zur Gemeinde Ratschings zusammengefaßt, deren Gemeindezentrum in Stange am Eingang des Ratschingstales liegt. Bei Gasteig zieht die Jaufenstraße aus dem Ridnauntal zum Jaufenpaß hinauf, der das Eisacktal mit dem Meraner Becken verbindet. Von Stange aus führt ein Sträßchen entlang dem Ratschinger Bach über Bichl bis hinter nach Flading in knapp 1500 m Höhe, und die Ridnauntalstraße endet, wo der Gondellift und die Bahn für die Erzauf-

bereitung ihre Talstation haben. Der zentrale Ort Mareit im Ridnauntal verdankt seine Entwicklung vor allem dem einstigen Erz-
abbau am benachbarten Schneeberg. Der Verkehr über den Jaufenpaß mag auch eine Rolle gespielt haben.
Die Pfarrkirche des Ortes ist 1695 gebaut worden. Das Schloß und

Schloß Wolfsthurn ist ein imposanter Bau aus der Epoche des Barock – eine Rarität in Südtirol.

Gericht Wolfsthurn geht auf das 12. Jahrhundert zurück. Damals übte Graf Arnold von Greifenstein die Grafschaftsrechte von Brixen im Eisacktal aus. 1203 waren die Brüder Ulrich und Heinrich von Mareit Ministerialen der Grafen von Eppan. Rudolf, genannt Lupus, der Wolf aus dem Wipptal hat später den Turm von Mareit als Lehen und schließlich als Eigentum erhalten. In männlicher Linie ist das Geschlecht um 1400 erloschen, aber die Anlage heißt seitdem Wolfsthurn. Nachbesitzer kamen, und als der Stadt- und Landrichter in Sterzing, Christoph Grebmer, 1575 Turm und Adelsfreiheit verliehen bekam, führten er und seine Nachkommen das Prädikat „von Wolfsthurn".
Was heute vom Schloß zu sehen ist, entstand in der Zeit von 1730 bis 1740 als Barockanlage mit drei Flügel- und Ecktürmchen und Mansardendächern. Sie wurde von Guiseppe Delai im Auftrage der Freiherren von Sternbach errichtet, die 1727 in den Besitz des Schlosses gekommen waren. 1831 ist das Gericht Wolfsthurn verstaatlicht worden. Die Schloßkapelle des schönsten Barockschlosses Südtirols enthält reiche Stukkaturen von Anton Gigl und wunderbare Fresken von Matthäus Günther aus Augsburg. Auch wenn weder das Schloß noch die Kapelle zu besichtigen sind – sie befinden sich in Privatbesitz – können einmal im Jahr der Mittelhof und die Kirche besucht werden. Am ersten Sonntag im Oktober führt nämlich das Rosenkranzfest die Pfarrgemeinde Mareit in die Schloßkapelle.

Im Ortszentrum von Mareit, gegenüber der Kirche am Fuße des Schloßberges, steht das alte Fuhrmannsgasthaus „Zum Stern". Was heute Speisesaal ist, war früher Pferdestall. Hier läßt sich, wie im nahegelegenen Hotel Pulvererhof, gut einkehren.

Zufahrt: ab Bozen 70 km, Abzweig Sterzing, ein Stück auf der Jaufenstraße, bei Gasteig rechts ab ins Ridnauntal, 3 km ab Sterzing.

Einkehrmöglichkeiten: Gasthof Stern, Hotel Pulvererhof.
Auskunft: Tourismusverein I-39040 Ratschings, Jaufenstraße 1, Telefon 0472/760608.
Karte: Kompaß-Wanderkarte 1:50 000, Blatt 44 „Sterzing".

4. Stange-Ratschings

Durch die Klamm aus weißem Marmor

Eine knappe Stunde dauert die abenteuerliche Wanderung vom Weiler Stange durch die Gilfenklamm, und gut 175 Höhenmeter sind zu überwinden. Die Steige sind gesichert, die Wege gut, und eindrucksvoll die schaurig tosenden Wasser des Ratschinger Baches – ein wildes Naturschauspiel, an dem man sich kaum sattsehen kann.

Die Gemeinde Ratschings ist erst 1929 aus uralten Siedlungen entstanden; sie hießen Mareit, Ridnaun, Telfes, Jaufental und Ratschings. Mit 2035 qkm ist der Ort flächenmäßig die sechstgrößte Gemeinde Südtirols. Das Ratschingstal wurde frühzeitig durch seinen edlen Marmor bekannt. Er wird im Bereich des Weilers Pardaun gebrochen und fand u. a. Verwendung beim Bau der Innsbrucker Hofkirche und der Triumphpforte beim Schloß Schönbrunn sowie von Denkmälern großer Musiker, wie etwa dem Mozarts in Wien. Der Ort Stange wurde 1241 als „Aputstangam" erstmals erwähnt; der Name bedeutet soviel wie „Zollgrenze". Der Bischof von Brixen hat hier kassiert. 1245 hat Graf Albert von Tirol die südlich des Ortes gelegene Burg Reifenegg erworben. Das brachte dem Jaufenweg eine neue Route, die kürzer war und die Zollgrenze bedeutungslos machte. Die Burg ist heute in Privatbesitz. Sichtbar sind noch der 23 Meter hohe und zehn Meter dicke Bergfried.

Ein gut gesicherter Steig erschließt die wildromantische Gilfenklamm.

Die Klamm aber im Ratschingstal ist eine bizarre Schlucht, in der der Ratschinger Bach von 1150 auf 975 m herunterstürzt, und zwar innerhalb einer kurzen Strecke. Durch reinweißen Marmor hat er sich einen Weg gegraben und ließ so die einzige Marmorklamm Europas entstehen. Durch Oberflächenverwitterung zeigt sich das Gestein überwiegend dunkel, oft grünlich schimmernd.

Große Mühe machte die Erschließung der Klamm in den Jahren 1893–1895 durch die Sektion Sterzing des Deutsch-Österreichischen Alpenvereins. Bei der Passage durch die „Kirche" z. B. mußten die Arbeiter am Seil in der Luft schwebend einen rund 20 m langen Stollen Stück für Stück aus den Felsen herausschießen. Am 2. August 1896 wurde unter der Schirmherrschaft von Erzherzog Ferdinand Karl der Klammweg eingeweiht.

Wir erreichen die Klamm auf dem breiten Wanderweg unmittelbar nach dem Gasthaus zur Gilfenklamm; das liegt an der ehemaligen „Mareither Poststraße". Durch lichten Fichtenwald geht es dem Ratschinger Bach entgegen, der hier leise murmelt.

Über die Viechterbrugge kommt man auf die rechte Bachseite, wo an einem Kassierhäuschen der Obolus für den Besuch der Klamm abverlangt wird. Weiter geht es am Bach entlang. Da und dort finden sich Sitzbänke. Eine alte, verfallende Mühle steht direkt am Klammeingang. Der Weg steigt an, und die Schlucht wird nun enger. In Serpentinen kommen wir zur eigentlichen Klammenge. Zuletzt erreichen wir über Stege und Stufen den Jaufensteg an der Ratschinger Talstraße, an der das Gasthaus steht. Ein lohnender und unbeschwerter Rückweg bietet sich über Pardaun an, Markierung Nr. 13.

Zufahrt: ab Bozen 70 km, Abzweig Sterzing, ein Stück auf der Jaufenstraße, bei Gasteig rechts ab, erst ins Ridnauntal, dann links ins Ratschingstal.

Einkehrmöglichkeit: Gasthof Jaufensteg, Gasthof Gilfenklamm, Pension Priska, Hotel Ratschingserhof.

Besonderheit: Im Bett des Ridnauner Baches kann nach Halbedelsteinen gesucht werden, es finden sich hauptsächlich Granate.

Auskunft: Tourismusverein I-39040 Ratschings, Jaufenstraße 1, Telefon 0472/760608.
Karte: Kompaß-Wanderkarte 1:50 000, Blatt 44 „Sterzing".

5.   Freienfeld

Von Maria Trens zur Aussicht von Valgenäun

Trens ist eine Fraktion von Freienfeld und liegt gut 50 Höhenmeter über dem Gemeindezentrum an der östlichen Tallehne des Eisacks. Von hier führt ein hübscher Hangweg unterm Bergwald südostwärts, etwa 220 Höhenmeter überwinden zur St.-Valentin-Kirche in Valgenäun. Der Rückweg dauert nochmals 1 Stunde. Man kann aber von der Brennerstraße aus auf der Sengestalstraße ins 1109 m hoch gelegene Valgenäun hinauffahren und so, ohne einen Schritt zu tun, die Aussicht ins Eisacktal genießen und die Gletscherberge im hintersten Ridnauntal bewundern.

5 km südöstlich von Sterzing durchschneidet die Staatsstraße, die Brennerstraße, den Weiler Freienfeld. Beim Bau der Brennerbahn wurden hier römische Münzen gefunden und ein römischer Meilenstein aus der Zeit des Septimius Severus, 201 n. Chr. Freienfeld hatte immer den Charakter einer Raststätte an einer vielbefahrenen Straße, vielleicht eben schon zur Römerzeit. Der oberhalb liegende Wallfahrtsort Maria Trens ist eine alte Siedlung, wie der Fund einer frühmittelalterlichen Grabstele beweist.
Die Wallfahrt zu Maria Trens entstand im 14. Jahrhundert. Bauern sollen damals im Wildbach ein Gnadenbild der Gottesmutter gefunden haben. Es hieß, das Bild wolle von der Stube des Bauern in die Kapelle und verließe des Nachts sogar den versiegelten Raum. Ein Ablaßbrief erwähnt die Marienkapelle in Trens im Jahre 1345. An die Legende erinnert heute noch die Auffindungskapelle am südöstlichen Ortsrand an der sogenannten Lahn. Die heutige Wallfahrtskirche ist 1498 gebaut worden. Als sich die Wunderheilungen häuften, blühte der Wallfahrtsort auf, und so konnte in der Gnadenkapelle ein Marmoraltar von Cristoforo Benedetti errichtet werden.

Maria Trens, Freienfeld und Stilfes liegen am Südende des weiten Sterzinger Beckens. Der Gipfel darüber trägt den bedrohlichen Namen Höllenkragen.

Das Gnadenbild aber wurde 1728 in einer Prozession übertragen. 1815 betrug die Zahl der jährlichen Wallfahrer 18 000, 1950 waren es bereits 20 000, und heute noch pilgern die Südtiroler mit all ihren Anliegen zur Trenser Muttergottes. Dabei wird von manchem noch der alte Wallfahrerweg von der Reiterkapelle an der Staatsstraße zur Wallfahrtskirche auf den Knien zurückgelegt, und Sarner kommen heute noch, trotz der Penser-Joch-Straße, zu Fuß durch das Tal von Egg nach Trens.

Die Reiterkapelle erinnert übrigens an die napoleonischen Kriege, und zwar an 1797, als eine versprengte Reiterschar der Franzosen nach dem Gefecht bei Spinges durch das Eisacktal kam und hier erfolgreich zurückgeschlagen wurde.

Hübsch anzusehen im Dorfbild von Trens sind zahlreiche Mariendarstellungen als Wandschmuck, und im Gasthof Bircherwirt steckt der Turm der Edlen von Trens. Sie nannten ihn 1429 Eppurg.

An prähistorischer Siedlungsstätte aber liegt in 1109 m Höhe, knapp 3 km südöstlich von Trens, das St.-Valentin-Kirchlein, ein hübscher Bau, der sich seit der Zeit um 1500 unverändert erhalten hat. In der Nähe des Kirchleins findet sich das „Hundsloch", eine Höhle, die in vorgeschichtlicher Zeit besiedelt war, wie Scherbenfunde beweisen. Wenn auch der Stamm der Genaunen vor der Römerzeit in diesem Tal siedelte, so ist die Deutung des Namens Valgenäun danach umstritten. Es kann auch ein rätoromanisches Val can'eda angenommen werden, das heißt Schilfrohrtal.

Von Trens gehen wir ostwärts, hoch am Hang, auf dem mit 2a markierten Weg, der bereits nach wenigen Schritten eine hübsche Aussicht ins Tal und auf die Bergwelt vermittelt. Gelegentlich queren wir Waldstücke, bis wir zu den Höfen von Valgenäun kommen und das schmale Sträßlein zur Kirche hinaufwandern. Zurückgehen können wir zunächst auf gleichem Weg, also auf dem Fahrweg, bis zu den letzten Höfen am Weg 2a, der uns hergeführt hat. Bei einem Bildstock biegen wir rechts ab und gehen auf einem Teersträßchen nach Trens zurück.

Zufahrt: 66 km von Bozen, 6 km von Sterzing.
Bahnverbindung: von Bozen, Brixen, Sterzing, Brenner bis Freienfeld.
Busverbindung: bis Freienfeld von Sterzing und Mauls.
Einkehrmöglichkeiten: in Trens und im 2 km oberhalb von Valgenäun gelegenen Flans im der Jausenstation Hallerhof.
Gehzeit: 1 $^1/_2$ Stunden.
Höhenunterschied: 220 m.
Auskunft: Tourismusverein Sterzing, Stadtplatz 3, I-39049 Sterzing, Telefon 0472/765325.
Karte: Kompaß-Wanderkarte 1:50 000, Blatt 44 „Sterzing".

6.   Freienfeld

Zum Reifenstein

Man kann mit dem Auto bis vor den Burgfelsen fahren, aber auch auf dem Fahrweg spazieren, der von Stilfes über den Weiler Weiern nach Elzenbaum führt. Das dauert hin 1 Stunde und zurück noch einmal dieselbe Zeit. Die Höhenunterschiede auf dem Weg sind unbedeutend.

Die Gemeinde Freienfeld, die im Süden des Sterzinger Talbeckens liegt, ist erst 1928 entstanden, und zwar durch Vereinigung der 1820 gebildeten politischen Gemeinden Stilfes und Trens. Besiedelt war aber das Gemeindegebiet schon in vorgeschichtlicher, d. h. in vorrömischer Zeit, wie Funde beweisen. So kam am Wildensee oberhalb Mauls eine Lappenaxt aus der Bronzezeit zum Vorschein, Tonscheiben und andere Gegenstände beim Thumburger, Reifensteiner und Sprechensteiner Burghügel. Als 15. v. Chr. die Römer kamen, siedelten hier Illyrer vom Stamm der Breonen. Septimius Severus (211–193 v. Chr.) aber baute schon vorher den einfachen Weg durch das Tal über den Brenner zu einer Militär- und Handels-

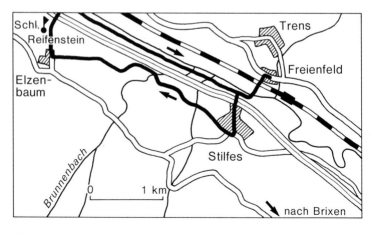

straße aus. In Freienfeld fand man einen Meilenstein aus dieser Zeit. Man kann ihn an der Außenmauer des alten Gemeindehauses sehen.

Im Maulser Tal wurde übrigens der berühmte Mithrasstein mit einem Reliefbild gefunden. Er zeigt die Tötung eines Stieres durch den persischen Lichtgott Mithras. Der Stein steht heute im Lichthof des Sterzinger Rathauses. Auch vermutet man im Turm des Gasthofes Wieser in Stilfes, im sogenannten Ölturm, und im Cantturm in Elzenbaum Festungspunkte der seinerzeitigen Römerstraße. Erstmals urkundlich erwähnt sind die Hauptorte Stilfes und Trens 827/828. Der noch erhaltene gotische Teil der Erzpfarrkirche Stilfes wurde unter Johannes Arb zwischen 1475 und 1505 erbaut; ebenso die noch heute in Ursprungsform erhaltene Kirche Maria Trens, und als Entstehungsjahr des Wallfahrtsortes Maria Trens wird das Jahr 1345 angenommen.

Die Burg Reifenstein ist eine der besterhaltenen Burgen des Landes. Ohne Zweifel war die felsige Inselkuppe des Burgberges bereits seit Urzeiten besiedelt und auch befestigt. Die ersten Nachrichten über die Burg an der Penser-Joch-Straße reichen ins 12. Jahrhundert zurück. Um 1200 hausten bereits Dienstmannen des Grafen von Tirol hier. Vorher war der Burghügel im Besitz des Brixener Hochstiftes. Erst 1241 ging Reifenstein in landesfürstliche Hoheit über. 1469 verpfändete Herzog Siegmund der Münzreiche die Burg an den Deutschritterorden, der die alte Anlage mit Prunkstücken spätgotischer Kultur bereicherte. Seit 1813 ist die Burg im Besitz der Grafen von Thurn und Taxis.

Wir wandern von Freienfeld in westlicher Richtung über die Bahnschranken und über die Autobahnbrücke zum „Wieser" nach Stilfes. Außerhalb der Ortschaft geht es rechts ab, auf einem Feldweg weiter nach Elzenbaum. Beim „Goldenen Löwen" nun rechts zur Burg, die 982 m hoch liegt. Der Burghügel muß bestiegen werden.

Zurück dann von Elzenbaum zur Autobahnüberführung und rechter Hand über die asphaltierte Straße, entlang der Autobahn nach Stilfes oder Freienfeld.

Zufahrt: 65 km von Bozen.

Bahnverbindung: von Bozen, Brixen, Sterzing, Brenner.

Busverbindung: Sterzing, Mauls.

Einkehrmöglichkeiten: beim Wieser in Stilfes, Goldener Löwe in Elzenbaum. Burgbesichtigung nach Vereinbarung.

Auskunft: Tourismusverein Sterzing, Stadtplatz 3, I-39049 Sterzing, Telefon 0472/765325.

Karte: Kompaß-Wanderkarte 1:50 000, Blatt 44 „Sterzing".

Brixen und Umgebung

7. Vahrn

Zur Neustifter Engelsburg

Zum Kloster mit einer der größten und schönsten Kirchen im Land geht man von Vahrn aus in einer Dreiviertelstunde bequem auf guten Wegen und zurück in der gleichen Zeit. Das Kloster liegt etwa 100 m tiefer als Vahrn.

Das Dorf Vahrn zieht sich über der Brennerstraße neben dem Schalderer Bach hin und ist natürlich auch mit dem Kfz erreichbar. Es liegt verkehrsgünstig und hat sich schon früh einen guten Ruf als Fremdenverkehrsort erworben. Mehrere Ansitze prägen das Dorfbild.

Berühmt aber ist das in den Gemeindebereich gehörende Kloster Neustift, ein Augustinerchorherrenstift, das 1142 gegründet wurde. Der wuchtige Turm der Basilika und die Engelsburg, ein Bau, der so genannt wird, weil er der römischen Engelsburg ähnlich sieht, gehören der romanischen Bauperiode an. Sie sind um 1190 entstanden. Der frühgotische Kreuzgang birgt kostbare Fresken aus dem 14. und 15. Jahrhundert.

Die barocke Stiftskirche aber ist eine der größten und schönsten Kirchen Südtirols. Die Stiftsbibliothek enthält neben Urkunden aus der Gründungszeit berühmte Miniaturcodices der Neustifter Schule sowie das Geistesschaffen mehrerer Jahrhunderte in etwa

Zur folgenden Doppelseite:
Luftaufnahme der Klosteranlage von Neustift. Die Engelsburg, das Ziel der hier beschriebenen Wanderung, ist im Vordergrund zu erkennen.

60 000 Bänden. Großartig ist der Platz des Klosters, und großartig sind die Hänge, die sich ringsum mit berühmten Weinlagen bis in 800 m Höhe hinaufziehen. Um so verwunderlicher erscheint es, daß in der Schenkungsurkunde des Klosters zu lesen ist, es handle sich hier um eine Stelle „in loco horrendo et inculto", also an einem schauderhaften und unkultivierten Ort. Es heißt, die noch erhaltene St.-Viktor-Kapelle im Klosterbereich habe es schon gegeben, bevor das Kloster gegründet wurde. 1157 ist auch die Pfarre Natz dem Kloster einverleibt worden.

1190 brannte das Kloster ab. Neun Jahre später, nun aus Stein gefügt und mit zwei Kirchen versehen, war es wieder aufgebaut. Die Biographie des Klostergründers ist übrigens eines der ersten tirolischen Geschichtswerke überhaupt.

Zu den Sehenswürdigkeiten heute gehören die Klosterkirche als das schönste Rokokogotteshaus Tirols, die zinnengekrönte Engelsburg, der Kreuzgang als Grabstätte bedeutender Männer, darunter auch – wie man annimmt – die des Poeten und Minnesängers Oswald von Wolkenstein. Im Türkenturm und in Resten der Ringmauern zeigt sich Erinnerung an schwere Zeiten. Als Attraktion gilt auch der Wunderbrunnen. Mehr noch sind es mittlerweile allerdings die vorzüglichen Weine der Klosterkellerei, die unzählige Gäste anlocken.

In Vahrn gehen wir vom Kaufhaus Eller ostwärts auf dem Feldweg zur Bahn und zur Autobahnunterführung, überqueren die Staatsstraße zum Grieser Hof und steigen die durch Felsmauern gesäumte Gasse hinunter nach Neustift, wo wir über die Holzbrücke beim Brückenwirt das Klostergelände erreichen.

Zufahrt: von Brixen 3 km.
Einkehrmöglichkeiten: Klosterwirtschaft, Brückenwirt.
Busverbindung: von Brixen.
Auskunft: Tourismusverein Brixen, I-39040 Brixen, Brennerstraße 101, Telefon 0472/837470.
Karte: Mapgraphic-Wanderkarte 1:25 000 „Brixen und Umgebung".

8. Brixen

Zu den Schätzen der Hofburg

Der Kern dieser alten Bischofsstadt am Zusammenfluß von Rienz und Eisack birgt eine wahre Fülle von Sehenswürdigkeiten, an denen man unmöglich vorbeigehen kann.

Wer das historische Stadtzentrum betritt, bleibt zunächst einmal am Domplatz hängen, wenn einen nicht schon die „Großen Lauben" oder die „Kleinen Lauben" vorher gefangengenommen haben.
Aber am Domplatz hat an dem heutigen Bau des großartigen Gotteshauses mit romanischen und gotischen Bauteilen der Pustertaler

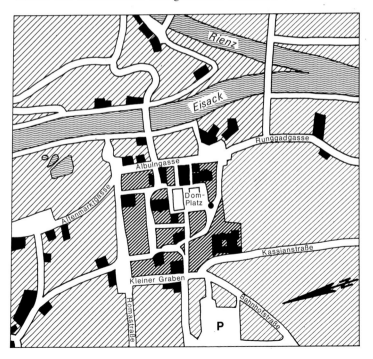

Meister Paul Troger 1748 bis 1750 mitgestaltet. 250 qm groß ist das Langhausfresko „Anbetung des Lammes". Weltberühmt ist der Domkreuzgang mit Fresken des 13. bis 15. Jahrhunderts. 1360 entstand die gotische Liebfrauenkapelle. Um 1250 wurden die Fresken der romanischen Johanneskirche geschaffen.

Wenige Schritte entfernt steht das einstige Wasserschloß, die bischöfliche Burg, ein Hochrenaissancebau mit barocken Bauteilen und einem phantastischen Arkadenhof. Über einen Wassergraben tritt man in die stattlichen Gemäuer, um im Innenhof zunächst einmal die 24 Figuren zu bewundern, die Mitglieder des Hauses Habsburg darstellen und die Franz Reichle im 17. Jahrhundert geschaffen hat, der schwäbische Hofbildhauer. Der erste Bau an dieser Stelle stand schon im 13. Jahrhundert als Hofburg der Fürstbischöfe von Brixen, und was heute zu sehen ist, wurde zwischen 1595 und 1710 errichtet.

Einige Stockwerke belegt das Diözesanmuseum. In den historischen Räumen ist sakrale Kunst vom Mittelalter bis zur Neuzeit ausgestellt. Sogar die Urkunde von der Übertragung des Prichsnahofs aus dem Jahr 901 liegt dort. Zum Gedenken an die Tausendjahrfeier wurde nahe der Burg eine Säule errichtet. Papst Pius VI. hat übrigens in der Hofburg übernachtet, und Mitgliedern der Familie und dem Kaiser diente der Kaisertrakt des Baus als Quartier. In den Räumen hängen Porträts der Fürstbischöfe und anderer kirchlicher Würdenträger sowie sämtlicher Habsburger Kaiser von Rudolf I. bis Karl VI. Im Arbeitszimmer des Fürstbischofs steht ein Kachelofen aus dem Jahre 1546. Ein Sohn des Tilman Riemenschneider hat ihn geschaffen. Urkunden und Kartenmaterial, Kunstgegenstände aller Art bezaubern und erstaunen den Besucher.

Aber zu den Höhepunkten gehört ohne Zweifel die Krippensammlung im Parterre der Hofburg. Hier sind über 10 000 Figuren mit Darstellungen der biblischen Geschichte aufgestellt. Eine der Krippen zeigt, dargestellt von mehr als 5000 Figuren, die ganze Heilsgeschichte. Die Brüder Probst aus Sterzing haben sie in den Jahren 1806 bis 1815 geschaffen.

Der Rundgang durch Museum und Krippenschau dauert Stunden, so daß nach diesen geistigen Strapazen leibliche Erholung notwendig ist. Sie wird auch geboten von einer originellen Gastronomie. Da ist das

Reich an Freskenschmuck sind die Arkaden der Hofburg, der berühmte Brixner Kreuzgang.

Hotel zum Elefanten, benannt danach, daß 1551 ein Elefant als Geschenk des Königs von Portugal an den habsburgischen Erzherzog Maximilian hier vorübergetrieben wurde, oder beim Schwarzen Adler mit dem dreiköpfigen wilden Mann, beim Gasthaus Fink mit der Menhirstube – im Treppenhaus ist ein Hünenstein ausgestellt, der 1955 in Tötschling gefunden wurde, oder im Gasthaus des Italieners Franzelli Dante, das Enoteca heißt, oder in den vielen vielen anderen, die genauso attraktiv sind und Vorzügliches aus Küche und Keller bieten.

39

Zufahrt: 40 km von Bozen im Eisacktal brennerwärts.

Besichtigung der Hofburg.

Auskunft: Tourismusverein Brixen, I-39040 Brixen, Brennerstraße 101, Telefon 0472/837470.

Karte: Kompaß-Wanderkarte 1:50 000, Blatt 56 „Brixen"; Mapgraphic-Wanderkarte 1:25 000 „Brixen und Umgebung".

9. Natz-Schabs

Auf der Natzer Hochfläche

Schabs ist der Hauptort der 1800-Seelen-Gemeinde, welche die Ortschaften Natz, Raas, Viums und Aicha oberhalb des Eisacktals umfaßt. Die Drei-Dörfer-Wanderung geht über 8 km und kann in 3 Stunden bewältigt werden. Schabs liegt 772 m hoch. Der höchste Punkt wird in Viums, 894 m, erreicht. Die Wege sind durchwegs sehr gut und bequem zu gehen. Man kann auch die Strecke mit dem Pkw abfahren und so die Höhepunkte dieser Rundreise ohne jede Anstrengung genießen.

Die Natzer Hochfläche liegt oberhalb von Eisack und Rienz. Das Plateau in einer Höhe zwischen 750 und 900 m ist der Überrest eines alten Talbodens, der während und nach den Eiszeiten durch die erodierende Tätigkeit der Flüsse von den Nachbargebieten getrennt wurde und heute eine herzförmige Landinsel in einer Ausdehnung von 4 km Länge und 2,5 km Breite bildet. Ein so günstig gelegenes Hochplateau war natürlich schon frühzeitig besiedelt, beispielsweise in der Hallstatt- und in der La-Tène-Zeit. Das Kloster Neustift hat das Land in den Jahren 1489 und 1525 von Herzog Siegmund von Österreich und Herzog Friedrich geschenkt bekommen. Im Jahr 1931 wurde beim Bau der Straße zwischen Natz und Elvas eine prähistorische Pfahlbausiedlung aus der Zeit vom 3. bis 2. Jahrhundert v. Chr. entdeckt.

Wahrzeichen von Schabs ist der 63 m hohe Turm der gotischen Kirche. Der Name Schabs leitet sich vom Geschlecht der Edlen von

Natz liegt auf der Hochfläche zwischen Eisack und Rienz.

Schabs ab, das bereits 1147 erwähnt wird. Zu den bekanntesten Schabsern gehörte Peter Kemenater, der in den Tiroler Freiheitskriegen an der Seite Andreas Hofers kämpfte.
Natz ist heute ein Fremdenverkehrsort in 889 m Höhe, Sitz einer Ur-pfarre aus karolingischer Zeit im 12. Jahrhundert. Die Pfarrkirche zu den Heiligen Philipp und Jakob wurde 1157 dem Kloster Neustift inkorporiert und 1208 vom Fürstbischof Konrad zu Ehren

des heiligen Philipp und der heiligen Walburga eingeweiht. Viums, 894 m hoch gelegen, befindet sich auf prähistorischem Boden. Das St.-Magdalenen-Kirchlein auf dem Hügel im Ort hat einen Turmstumpf aus dem Jahre 1500. Hier gab es eine schon 1281 geweihte Kirche.

Wer den Drei-Gemeinden-Weg abwandern will, startet in Schabs bei der Kirche, geht aufwärts bis zu den letzten Häusern, hält sich rechts am Hang, vorbei am Sportplatz und dem Ziegelwerk. Durch einen Waldstreifen wird der Flötscher Weiher erreicht, ein Badesee mit einem Wirtshaus am Ufer. Weiter geht es dann auf dem Fahrsträßchen nach Natz.
Hier halten wir uns – einige Gasthöfe stehen im Zentrum – nach der Kirche links und kommen in den kleinen Ort Viums. Auch hier wird gastliche Einkehr geboten. Vom Kirchenhügel wandern wir die kurvenreiche Straße abwärts nach Schabs zurück.

Zufahrt: von der Brennerautobahn, Ausfahrt Pustertal–Brixen, erster Ortsabzweig rechts.
Einkehrmöglichkeiten: Schabs – Gasthof Putzerhof, Gasthof Schabser Hof, Gasthof Sonnhof Paul, am Flötscher Weiher Gasthof Seehof, Viums – Gasthaus Flötscher Hof.
Busverbindung: Brixen, Mühlbach-Seilbahn, Vals-Jochtal; ferner Brixen, Natz, Viums, Mühlbach, St. Pauls, Rodeneck.
Auskunft: Tourismusverein I-39040 Natz-Schabs, Rathaus Schabs, Telefon 0472/412440.
Karte: Kompaß-Wanderkarte 1:50·000, Blatt 56 „Brixen".

10. Rodeneck

Zum Schloß der Wolkensteiner

Bis zum Parkplatz zwischen Rathaus und Pfarrkirche in Rodeneck-Vill (5 Gehminuten vom Schloß entfernt) kann man mit dem Auto fahren. Man kann aber auch von Mühlbach aus mit Abzweigung beim

Stausee links oder bei der Seeberkurve rechts auf Seitenwegen nach Rodeneck wandern. Die 200 m Höhenunterschied, die dabei zu überwinden sind, schafft man zu Fuß in 1 ¹/2 Stunden, hin und zurück also in 3 Stunden.

Rodeneck ist eine Berggemeinde mit sieben Fraktionen, bestehend aus Weilern und Einzelhöfen, umgeben von Feldern und Wäldern in Höhen von 800 bis 1400 m auf sonnigen Geländeterrassen über der Rienzschlucht gelegen, an der Einmündung des Pustertales in das Eisacktal.

Die mächtige Burganlage von Schloß Rodenegg, in der Fraktion Vill, ist eine touristische Attraktion. Es gibt hier den ältesten profanen Freskenzyklus im deutschen Sprachraum zu sehen. Er stellt die Iweinsage des Hartmann von der Aue dar und stammt aus der Zeit des kunstsinnigen Brixner Fürstbischofs Konrad von Rodank um 1200.

Die einstigen Schloßherren und Inhaber des seinerzeit sehr ausgedehnten Gerichtes Rodeneck haben verschiedentlich ganz entscheidend in die Landesgeschichte Tirols eingewirkt. 1269 hat Friedrich IV. von Rodank dem Fürstbischof Bruno von Brixen die Vasallentreue gebrochen und Burg und Gerichtsherrschaft den Grafen von Tirol-Görz überlassen. Hundert Jahre später, nämlich 1363, hat die Schloßherrschaft von Rodenegg den Vertrag gefördert, mit dem die damalige Landesfürstin Margarethe Maultasch das Land Tirol Rudolf IV. von Habsburg- Österreich überließ. Im Schloß gibt es völlig finstere Verliese, wie das Lauterfresserloch, in denen widerspenstige Untertanen und das Opfer des letzten großen Hexenprozesses gedarbt haben.

Im Friedhof mit schmiedeeisernen Grabkreuzen rund um die Pfarrkirche Mariä Himmelfahrt, am Rande der Rienzschlucht, befinden sich die historisch interessante Totenkapelle, das Kriegerdenkmal und die gräfliche Gruft der Wolkensteiner, der Nachfahren des Minnesängers Oswald von Wolkenstein, die 1491 bis heute fast ununterbrochen Schloßbesitzer waren und einst wegen ihrer Verdienste um das Land Tirol und um Österreich und auch wegen ihres Reichtums großes Ansehen genossen.

Von Mühlbach aus queren wir die Bahnlinie, gehen auf der Straße am Stausee beim E-Werk über die Rienz und dort nach rechts in Richtung St. Pauls. In der Kurve vor dem Seeber zweigen wir rechts auf den Weg Nr. 7 ab, der oberhalb eines Baumateriallagers vorbei (mit Beschilderung) zum Liner und Planatscher führt.

Wer Hunde nicht fürchtet, kann vom Planatscher aus abwärts zum Heidenhof weitergehen und von dort auf Weg Nr. 1 nach Vill hinaufwandern.

Ansonsten steigt man links von der Planatscherkapelle auf einem Traktorweg zu den Grubenfeldern auf, von wo aus nicht nur der Feldweg nach Rodeneck-Vill führt, sondern auch ein Waldsteig direkt bis zum Parkplatz.

Nach Mühlbach zurück könnte man auf der Fahrstraße gehen, entweder in direkter Linie über St. Pauls oder auf dem Umweg über Gifen, Nauders und St. Pauls.

Zufahrt: von Mühlbach an der Pustertalstraße 4 km nach Rodeneck-Vill.

Einkehrmöglichkeiten: in Rodeneck-Vill: Rodeneggerhof, Zum Löwen und Blasbichler (am Parkplatz), Alpenrose, Burghof, Kranebitter; in Rodeneck-Gifen: Schönblick und Häusler; in Rodeneck-Nauders: Rauchegger; in Rodeneck-Ahnerberg: Ahner.

Besichtigung der Burg.

Auskunft: Tourismusverein I-39030 Rodeneck, Vill 3/a, Telefon 0472/454044.

Karte: Mapgraphic Bozen 1:25 000, „Brixen und Umgebung" und Rodenecker Prospekt mit Wanderskizze, erhältlich gratis im Verkehrsbüro Rodeneck.

Schloß Rodenegg ist ein gewaltiger Bau über der Rienzschlucht. In der Anlage befindet sich eine Darstellung der Iweinsage; es ist dies der älteste profane Freskenzyklus im deutschen Sprachraum.

11. Feldthurns

Ein Schloß im Spätrenaissancestil, den es in Südtirol nicht gab, benannt nach Herren, die beim Bau bereits ausgestorben waren

Neben der Besichtigung des Schlosses Velthurns und des Ortes Feldthurns wird ein Spaziergang nach Schnauders vorgeschlagen. Auf- und Abstieg erfordern insgesamt 2 Stunden. Der Höhenunterschied beträgt 250 m. Und großartig ist der landschaftliche Reiz dieser Wanderung, sind die Ausblicke auf die Geislerspitzen und die Hänge jenseits des Eisacktals.

Die Gegend um Feldthurns war bereits um 1000 v. Chr. besiedelt. Der Ortsname ist illyrischen Ursprungs. Die ersten Edlen von „Velturns" sollen in dem Gebiet des heutigen Schrambach eine Burg besessen

Schloß Velthurns ist bekannt für seine kostbare Innenausstattung.

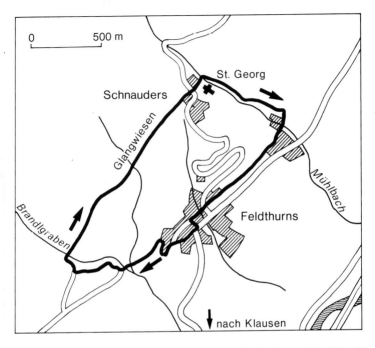

haben. Auf dem Pflegerbühel stand aber auch eine Burg, die „Ziern"
hieß und um 1112 den Herren von Feldthurns gehörte, die allerdings
1329 ausgestorben sind.

1577 ließ Bischof Johann Thomas von Spaur die Ruine der Burg
abbrechen. Er hat die Steine beim Bau des neuen Schlosses verwendet. Begonnen hat den Bau aber bereits Kardinal Christoph von
Madrutz, Bischof von Brixen und Trient, im Jahre 1577.

Bis zur Säkularisation um 1803 war das Schloß Sommersitz der
Bischöfe von Brixen. Zunächst kaiserlicher Besitz, ging es später
in private Hände über und wurde am 22. Dezember 1903 vom

Zur folgenden Doppelseite:
Blick über den Brixner Talkessel auf die westlichen Dolomiten.

Fürsten Johannes II. von und zu Liechtenstein der Stadt Bozen geschenkt, die am 18. Juni 1978 das Gebäude der autonomen Provinz Bozen verkaufte. Heute ist das Schloß Velthurns Landesmuseum. Von 1979 bis 1983 wurde es restauriert. Es ist ausgestattet mit vielen Wandmalereien, Kachelöfen und besonders schönen Kassettendecken und Täfelungen.

Vom Ortszentrum Feldthurns gehen wir westwärts, beim Weinhaus Tonig rechts der Verdingser Straße nach, bis wir vor dem Hotel Feldthurner Hof rechts nach der Bachbrücke des Brandlgrabens abbiegen. Am Graben wandern wir aufwärts bis zum Kloasner, wo wir auf das Fahrsträßchen stoßen. Nun rechts über die Holzbrücke und auf einem Panoramaweg ohnegleichen über die Glangwiesen unterm Wald nach Schnauders. Großartig sind die Ausblicke vor allem auf die Geislerspitzen.
In Schnauders bewundern wir auf einer Bergkuppe die kleine gotische Kirche St. Georg, erstmals im 14. Jahrhundert beurkundet, um dann nordwärts in Richtung Oberschnauders hinauszuwandern aus dem Ort, wo wir bei erster Gelegenheit rechts über den Mühlbach abbiegen und wieder rechts an diesem entlang in der Talschlucht hinuntersteigen zur Brixner Straße. Auf dieser rechts zurück zum Ausgangspunkt.

Zufahrt: ab Brixen auf der Höhenstraße über die Tschötscher Heide, 8 km; oder 1 km vor Klausen von der Brennerstraße ab und den Hang nordwärts hinauf, 4km.
Einkehrmöglichkeiten: verschiedene Gasthöfe in Feldthurns und Schnauders.
Busverbindung: Brixen und Klausen.
Schloßbesichtigung: außer Montag 10, 11, 14.30 und 15.30 Uhr.
Auskunft: Tourismusverein I-39040 Feldthurns, Dorfzentrum 9, Telefon 0472/855290.
Karte: Mapgraphic-Wanderkarte 1:25 000, „Brixen und Umgebung".

Dolomiten

---

12. Villnöß

Zu den Wildgehegen der Zannser Alm

Eben verläuft der Weg am Villnösser Bach entlang zum Rand des Naturparks Puez-Geisler. Es gibt auch keine nennenswerten Steigungen am Heuweg aufwärts, auch wenn knapp 300 Höhenmeter überwunden werden. Der Hinweg und der Rückweg jenseits des Baches dauern je 1 Stunde. Man kann aber auch mit der Pkw hinauffahren.

Der Naturpark Puez-Geisler liegt auf einer mittleren Höhe von 2500 m und umfaßt 9400 Hektar felsige Hochfläche. Zu den Kostbarkeiten der vielfältigen Flora gehören die Zwergalpenrose, die Edelraute und die schopfige Teufelskralle. Typische Arten der Fauna sind Gemsen, Murmeltiere, Steinadler, Birkwild und Schneehühner. Das Gebiet ist auch ein Eldorado für Geologen, vor allem im Bereich der Puezgruppe.

Wenn Ende April der Schnee im Gebiet der Zannser Alm schmilzt, öffnen sich die violetten Blütenglocken der Pelzanemonen. Soldanellen bohren sich durch die letzten Schneereste. Später folgen die Blüten der schwefelgelben Anemone und die weißen Kronen der Alpenanemone. Daran schließen sich weiße Blüten des Krokus im Wettbewerb mit rosafarbenen Mehlprimeln und blauen Enzianen an. Schneeheide und Seidelbast gehören ebenso zu den Boten des Frühlings. Zirbelkiefern stehen in den Wäldern. Der Wacholder ist dabei. Alpenrosen, die rostblättrigen, gehören zum Fußvolk der Vegetation. Später im Jahr blüht die behaarte Alpenrose. Steinröserl, blauviolette Kugelblumen, Buchs, Kreuzblumen leuchten dazwischen. Und über Sträucher und Bäume klettert die einzige Liane der Alpen, die Alpenrebe. Oberhalb, einige hundert Meter höher, im Bereich der Gampenalm, dominieren gelbe Kleearten, blaue und rötliche Lippen- und

Rachenblütler, Läusekräuter, Braunellen, Ehrenpreise, Primeln, Steinbrecharten, Germer und stachlige Kratzdisteln, punktierter Enzian und blauer Eisenhut, Sonnenröschen, Glockenblumen, Alpenaster, Akelei und Alpengrasnelken. Der Rätische Mohn ist hier zu Hause, aber auch – an schwer zugänglichen Stellen – das Edelweiß. Im Villnößtal sind die Siedlungen St. Magdalena, Teis und St. Peter zur Gemeinde Villnöß vereinigt. Räter, Romanen und Germanen haben das Tal besiedelt. Villes Nöes heißt Neudorf, der Besiedlungskern ist wohl St. Peter. Vilnies erscheint erstmals 1493 in Urkunden. Aber eine Kirche stand hier wohl bereits im Jahre 1090, und St. Valentin ist 1303 erbaut worden. Auf dem Kirchbühl soll ein Schloß Roßbrunn gestanden sein, und auf dem Schloßkofel in Hitz soll es ein Kastell Kofel oder Schöneben gegeben haben. Weitere Namen verschollener Burgen nennt die Sage.

Wir gehen von Villnöß auf der Talstraße in Richtung St. Johann, zweigen dann auf dem Autosträßchen ein Stück vor dem Ranuimüllerhof links ab in das Zannser Sträßchen, bis wir auf den Abzweig zu der Häusergruppe Kantioler stoßen; das ist Weg 33 und H. An der Häusergruppe vorbei kommen wir wieder auf das Zannser Sträßchen. Der sogenannte Heuweg führt uns dann zum Wildgehege und zur Zannser Alm.
Zurück geht es auf dem gesperrten Sträßchen jenseits des Baches, der Markierung 34 folgend, bis zur Einmündung des Broglesbachs. Nun rechts zur Ranuiwiese nach St. Johann in Ranui und nach Villnöß.

Zufahrt: von Bozen etwa 60 km, Abzweig nach Klausen ins Villnößtal, bis St. Magdalena.
Einkehrmöglichkeiten: Zannser Alm, Sass Rigais, Ranuimüllerhof.
Auskunft: Tourismusverein I-39040 Villnöß, St. Peter 11, Telefon 0472/840180.
Karte: Mapgraphic-Wanderkarte 1:25 000 „Villnöß".

St. Magdalena liegt am Ende des Villnößtals, zu Füßen der Geislergruppe.

13. St. Ulrich

Nach St. Jakob hinauf

Über eine urzeitliche Siedlungsstätte geht es zur ältesten Kirche des ganzen Tales. 300 Höhenmeter sind zu bewältigen. Insgesamt 2 Stunden auf guten Wegen dauert der Spaziergang, der bei der Pfarrkirche St. Ulrich beginnt.

St. Ulrich ist der Hauptort des ladinischen Grödner Tals. Einst haben dichte, unzugängliche Wälder das Tal bedeckt, und bei dem heutigen Ort war ein großer See, der das ganze Talbecken bis zum Antoniusboden füllte; bis er sich ins Eisacktal ergoß. Zeugen uralter Siedlungsgeschichte haben sich hier gefunden. Funde aus Bronze-, Eisen- und La-Tène-Zeit sind nachgewiesen. Manche der Funde sind im Grödner Heimatmuseum ausgestellt. Obwohl 999 als „Forestum ad Gredine" benannt, deutet doch eine Schenkungsurkunde auf den bayerischen Gaugrafen Otto von Andechs und das Hochstift Freising hin. Das Hochstift Augsburg hat den Namen St. Ulrich für eine kleine Seelsorgestelle auf damaligem Besitz gegeben, und der wurde Name für die ganze Siedlung. Die ursprüngliche Bezeichnung ist Urtijëi, vermutlich nach dem im Zinsverzeichnis des Grafen Meinhard von Tirol im Jahr 1288 angeführten Zinshof Ortiseit.

Heute ist St. Ulrich ein blühender Fremdenverkehrsort, berühmt auch durch die Holzschnitzereien, die auf das 17. Jahrhundert und die Brüder Trebinger zurückgehen. Die Fachschule für Holzschnitzerei und Bildhauerei pflegt die alte Tradition. Viele der Schnitzereien der letzten 300 Jahre werden im Heimatmuseum gezeigt. Luis Trenker, der in St. Ulrich wohnt, und der ehemalige italienische Staatspräsident Pertini sind Ehrenbürger des Orte, in dem 1885 bereits die erste Alpenvereinssektion und ein Verschönerungsverein gegründet wurden.

Die Höhenkirche St. Jakob, 1325 erstmals erwähnt, hat einen vollständig in gotischem Stil ausgemalten Chor. Da sind die vier Kirchenväter zu sehen und die zwölf Apostel. Beeindruckend sind die Wandgemälde an der Außenmauer. Ein Fresko zeigt einen riesigen Christophorus, außerdem eine ergreifende Darstellung des leiden-

Kunstvoll geschnitzte Skulpturen in der Pfarrkirche von St. Ulrich.

den Christus; vermutlich sind diese Außenfresken im 15. Jahrhundert durch Brixener Maler entstanden. Im Heimatmuseum findet sich ein Fastentuch aus der Zeit um 1600, das in 24 Bildern die Passion Christi zeigt. Früher hat man diese Fastentücher in der Kirche aufgehängt.

Von der Pfarrkirche ansteigend, den Markierungen 4 und 6 folgend, gehen wir in einer Dreiviertelstunde zum Jakoberhof, dann nach links ab auf Markierung 6 zum Kirchlein in 1565 m Höhe. Nun links auf Markierung 7 weiter, über den Col de Flam, 1446 m hoch, die urgeschichtliche Siedlungsstätte, und hinunter in den Ort zurück.

Zufahrt: 36 km von Bozen auf der Brennerstraße oder Autobahn, 19 km ab Klausen ins Grödnertal.

Busverbindung: Bozen, Brixen, Klausen.

Einkehrmöglichkeiten: St. Jakob, Gasthof Somont, Gasthof Stua Catores.

Besichtigung St. Jakob: Dienstag, Mittwoch, Donnerstag 11 bis 12 Uhr.

Nahe St. Jakob führte der Troi Paian, ein uralter Grödner Hauptweg, vorbei. 9000 Jahre alte Funde bestätigen hier Weg und Besiedlung.

Auskunft: Tourismusverein St. Ulrich/Gröden, I-39046 St. Ulrich, Reziastraße 1, Telefon 0471/796328.

Karte: Tabacco-Wanderkarte 1:25 000, Blatt 05 „Gröden – Seiser Alm"; Wussner, Wanderführer durch Gröden, 1:50 000.

---

14. St. Christina

Zum Renaissanceschloß „I Ciastel"

Diese Rundwanderung von St. Christina aus unterhalb der Dolomitenwände des Langkofels ist nicht beschwerlich. 1 Stunde Gehzeit und 100 Höhenmeter auf 1488 m über dem Meer und der großartige Eindruck einer der bedeutendsten Burganlagen Tirols bieten ein überragendes Erlebnis.

Die Fischburg liegt über St. Ulrich. Sie war einst das Jagdschloß eines Wolkensteiners.

Das Grödner Tal zählt zu den schönsten Alpentälern, und St. Christina ist der geographische Mittelpunkt. Der Langkofel, das Sellamassiv, die Cirspitzen und die Geislergruppe bilden einen eindrucksvollen Rahmen um den Ort. Im Umkreis von 10 km gibt es 86 Bergliftanlagen, was einiges aussagt über den Sommer- und Winterbetrieb in dieser Region.

Der Ort wurde 1277 erstmals erwähnt. Die Besiedlung dieser Gegend geht allerdings viel, viel weiter zurück. Wenn auch während der Steinzeit nur sporadisch Menschen in das Tal kamen, so dürften in der Bronzezeit die ersten hier seßhaft geworden sein. Heute ist das Gebiet vom Rätoromanischen geprägt. Die ladinische Sprache hat sich weitgehend erhalten. Das Handwerk begann schon im Mittelalter zu florieren. Dazu gehören die Herstellung von Loden, das Drehen von Holzschüsseln für die Käserei, das

Spitzenklöppeln, vor allem aber die Schnitzkunst. 1915 wurde die Bahnverbindung nach Gröden gebaut, allerdings am 28. Mai 1960 wieder eingestellt.

Am mittelalterlichen Höhenweg „Troi Paian" steht die Kirche St. Christina als älteste Seelsorgestelle des Tals. Ebenfalls am vielbegangenen Höhenweg „Troi Paian" findet sich die Kirche St. Jakob unweit der einstigen Burg Stetteneck. Romanisch ist der Baukern. Im 15. Jahrhundert entstand der gotische Umbau, die Barockzutaten im 17. Jahrhundert.

Die Fischburg aber, unser Ausflugsziel, wurde zwischen 1622 und 1641 von Engelhardt Dietrich von Wolkenstein-Trostburg als Sommerjagdaufenthalt erbaut. Um das Schloß gab es Teiche, in denen Fische für die adelige Tafel gezüchtet wurden; daher der Name Fischburg. 1863 wurde die Burg von Leopold Graf von Wolkenstein-Trostburg der Gemeinde St. Christina geschenkt. 1926 wurde sie zum Verkauf angeboten. Erworben hat sie der venezianische Baron Carlo Franchetti.

Unsere Wanderung beginnen wir an der Talstation der Saslong-Seilbahn, die für den Winterbetrieb in diesem weltberühmten Pisten-Eldorado eingerichtet ist. Wir erreichen sie, indem wir vom Ortszentrum in Richtung Wolkenstein gehen, am höchsten Punkt im Straßenbogen über die Brücke des Grödner Bachs und hier gleich rechts das Sträßchen hinunterwandern. Von der Talstation wieder über eine Bachbrücke, dann links in den Hang bis zu einem Gehöft und erneut links den Steig in den Wald aufwärts. In der Lichtung, in der die Burg steht, an einer kleinen Kapelle vorbei und im Bogen zum Schloß. Ein großartiger Anblick, den wir auf den Bänken ringsum genießen können. Vom Burgtor dann auf den Fahrweg hinunter zu den Häusern im Tal, wieder über die Brücke zur Paßstraße hinauf und nach links zurück.

Zufahrt: entweder südlich von Klausen in die Staatsstraße 242a oder von Waidbruck an der Brennerstraße in die Talstraße, 23 km.
Busverbindung: von Brixen und Klausen bis Plan.
Einkehrmöglichkeiten: am Weg keine; zahlreiche Gasthöfe im Ort.

Auskunft: Tourismusverein I-39047 St. Christina/Gröden, Str. Chemun 9, Telefon 0471/73046.
Karte: Tabacco-Wanderkarte 1:25 000, Blatt 05 „Gröden – Seiser Alm".

15. Wolkenstein

Zur Raubritterburg

Wenn man gemütlich wandert, braucht man 2 Stunden für diesen Rundweg zu einer Burgruine, an der der Name eines Mannes aus dem Geschlecht der Wolkensteiner das Bemerkenswerteste ist. Über 100 Höhenmeter sind zu überwinden. Die Wege sind gut und bieten schöne Eindrücke der faszinierenden Landschaft.

In einer Felswand nördlich des Ortes Wolkenstein, am Eingang des Langentals und am Fuße des Naturparks Puez-Geisler, thront die 700 Jahre alte Ruine. Der Urgroßvater des Minnesängers Oswald von Wolkenstein hat die Burg im 13. Jahrhundert erworben. Die Herren von Wolkenstein haben auf ihr lange Zeit das Grödner Tal beherrscht und vor allen Dingen in ganz Südtirol von sich reden gemacht. Oswald ist in die Literaturgeschichte eingegangen durch seine Minnelieder.

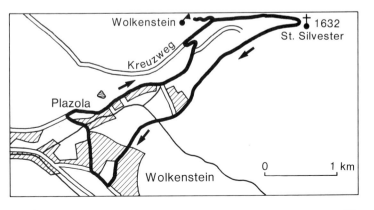

Auf weiten Reisen hat er ein abenteuerliches Leben geführt und durch aufsässiges Wesen im Land viel Unruhe gestiftet. Die ersten Besitzer der Burg, 1240, waren die Heinrichs von Kastelruth, später die Randolz von Villanders. Im 15. Jahrhundert ist die Feste von den Venezianern gestürmt, aber wieder hergestellt worden. Später verfiel sie endgültig.

Der Ort Wolkenstein selber ist seit grauer Vorzeit bewohnt. Jägerrastplätze hier weisen auf die Zeit um 7000 v. Chr. hin. 15 v. Chr. wurden die Räter, die hier wohnten, von den Römern unterjocht. Aus dieser Vermischung ist die ladinische Sprache entstanden. Und in ladinischer Sprache wird Wolkenstein „Selva" genannt, das heißt Wald. Im Ort befindet sich übrigens eine weitere Burg, die Fischburg, das Grödner Schloß genannt. Freiherr Engelhard Theodor Dietrich von Wolkenstein hat sie von 1622 bis 1641 erbauen lassen.

Bemerkenswert ist in der Pfarrkirche Maria Hilf das Gnadenbild über dem Altar. Es ist eine Kopie der berühmten Maria Hilf von Lucas Cranach, die sich in Innsbruck in der St.-Jakobs-Kirche befindet. Die Wolkensteiner Maria Hilf gilt als die beliebteste Mariendarstellung in ganz Tirol. Hierher führt noch heute die Wallfahrt. Von Klausen verlief bis vor wenigen Jahren eine Schmalspurbahn durchs Grödner Tal nach Plan in 1600 m Höhe, von wo ein sehr umfangreiches Seilbahnnetz über Grödner und Sellajoch die Verbindung zu den umliegenden Gipfeln herstellt.

Von der Kirche gehen wir in Richtung Langental westwärts hinaus, halten uns bei der ersten Abzweigung rechts bis zum Haus Bianca-neve; dort überqueren wir noch den kleinen Parkplatz und wandern auf einem Wiesensteig zum Haus Pallua Iris an der Gabelung der Fahrstraße. Auf der Fahrstraße nun abwärts und jenseits des Brückleins rechts, noch vor der Sportschule, wo Steinstufen links abbiegen. Der ehemalige Burgsteig bringt uns in Kehren zur Ruine (Vorsicht!).

Wolkenstein liegt zu Füßen des Langkofelmassivs. Daß der Ort keineswegs nur dem Pistenskiläufer etwas zu bieten hat, beweist die hier vorgeschlagene Wanderung. Luftaufnahme (SMA 423)

Dieser Burgsteig kreuzt etwas unterhalb des Gemäuers einen aussichtsreichen Spazierweg, den Kreuzweg. Dem folgen wir beim Abstieg von der Burg nach links zur kleinen Kapelle St. Silvester in 1632 m Höhe.

Zurück wandern wir auf dem markierten Weg Nr. 4 zu einem Fahrsträßchen und dann beliebig hinunter in den Ort.

Zufahrt: vom Eisacktal bei Waidbruck ins Grödner Tal über St. Ulrich und St. Christina auf der Straße 242; 20 km.
Busverbindung ab Bozen bzw. Klausen.
Einkehrmöglichkeiten: die Pension Val, die am Weg liegt, bietet den Gästen neben Getränken auch kalte Platten und kleine Gerichte an.
Auskunft: Tourismusverein I-39048 Wolkenstein/Gröden, Str. Meisulesr 213, Telefon 0471/795122.
Karte: Tabacco-Wanderkarte 1:25 000, Blatt 05 „Gröden – Seiser Alm".

16. Seis

Erinnerungen an die Wolkensteiner auf Hauenstein

Diese merkwürdige Burg unter den Felsen der Santnerspitze ist mit dem Fahrzeug nicht zu erreichen. Wir steigen in einer guten Stunde knapp 250 Höhenmeter hinauf auf gut angelegten Wegen. Der Abstieg erfordert ebenfalls eine Stunde, wenn wir aus unserer Wanderung eine Rundtour machen.

Das Ziel ist lohnend, wenn man sich die Geschichte dieser Festung vergegenwärtigt. Man nimmt an, daß die Burg von einem Seitenzweig der adeligen Herren von Kastelruth erbaut wurde. Sie nannten sich danach die Hauensteiner. Um 1400 starb dieses Geschlecht aus. Die Wolkensteiner übernahmen den Bau und bewohnten ihn bis 1491. Aber bis 1575 wurde er von wolkensteinischen Pflegern besiedelt. Bis ins 16. Jahrhundert diente die Burg als Gerichtsgefängnis. Noch 1608 wird die Burg als eine Kastelruther Folterstätte erwähnt, doch bereits

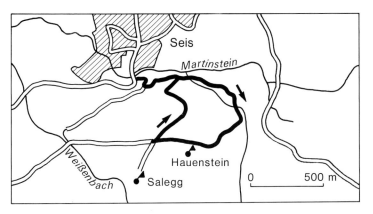

1628 nannte man Hauenstein eine Ruine. Erst anläßlich der Sechshundertjahrfeier Oswald von Wolkensteins im Jahre 1976/77 versuchte man eine Restaurierung. Wer war dieser Oswald von Wolkenstein, zu dessen Gedenken alljährlich auf der Trostburg, auf dem
Kofel in Kastelruth, auf Hauenstein in Seis, am Völser Weiher und auf
Schloß Prösels Turnier- und Ritterspiele stattfinden?
„Zweitgeborene Ritterkinde erben karges Königreich. Ziehet Wolken, ziehet Winde – Roß und Reiter ziehn mit euch!" Das hat Wolfram von Eschenbach gedichtet. Er war ein Minnesänger wie Oswald von Wolkenstein, der 1377 als Zweitgeborener zur Welt kam.
Er war mittellos, wurde mit zehn Jahren einem fahrenden Ritter
anvertraut, reiste quer durch Europa, kam um 1400 nach Hause
zurück, wo inzwischen sein Vater gestorben war. Das Erbe war an
seinen älteren Bruder Michael gegangen. Oswald schloß sich dem
Italienfeldzug König Ruprechts an, versuchte sein Glück als Kaufmann, ließ sich ein Schiff in Genua ausrüsten, fuhr ins Schwarze
Meer, erlitt Schiffbruch, rettete sich, indem er drei Tage lang an ein
Weinfaß geklammert aushielt, kam in die Heimat, erhielt ein Drittel
des mütterlichen Erbes, und zwar ein Drittel der Burg Hauenstein,
versuchte im Fürstbistum Brixen Karriere zu machen, wurde
Hauptmann des Gotteshauses Brixen, lebte dort mit einem Bürgerfräulein Anna Hausmann zusammen, der er zahlreiche Gedichte

und Lieder widmete, ging 1409 auf eine Pilgerreise ins Heilige Land, trat 1415 in Konstanz in die Dienste des deutschen Königs Sigismund, führte in seinem Auftrag Reisen über England, Irland, Portugal nach Spanien aus, nahm an der Eroberung Ceutas gegen die Mauren teil, kehrte über Frankreich und Konstanz nach Tirol zurück, war beim Aufstand der Tiroler Adeligen gegen den Landesfürsten Herzog Friedrich mit der leeren Tasche dabei, heiratete 1417 die Gräfin Margarethe von Schwangau, ließ sich 1418 auf Hauenstein nieder, nahm 1420 an einem Kreuzzug gegen die Hussiten teil, wurde, weil er sich anstelle des rechtmäßigen Drittels von Hauenstein alles angeeignet hatte, gefangengenommen und bei Prissian festgehalten und gefoltert, in Innsbruck dann gegen eine Kaution freigelassen. Er floh, wurde wieder ergriffen und bei Zirl eingekerkert, mußte das unrechtmäßig angeeignete Gut zurückgeben, blieb noch einige Jahre im Dienste König Sigismunds, machte eine Deutschlandreise, kam 1430 zum Reichstag nach Nürnberg und war 1432 bei der Kaiserkrönung Sigismunds in Rom anwesend, wurde als Gesandter ans Basler Konzil geschickt, zog sich nach Tirol zurück und mischte sich in die Landes-politik ein. Er starb am 2. August 1445. Zahlreiche Lieder und Gedichte aus seiner Hand sind der Nachwelt erhalten.

Bevor die Straße von Völs nach Seis beim Martinstein einbiegt, also vor der Straßenbrücke, zweigt rechts ein Sträßchen zum Hotel Salegg ab. Hier beginnt unsere Wanderung auf Markierung 2. Ein paar Schritte weiter gehen wir aber links ab in den Weg 3b und folgen den Spuren der Rodelbahn, die mit 8 markiert ist, bis wir bei einem Brunnen rechts in einen Querweg abbiegen. Der führt zu einer Wegkreuzung. Von hier wandern wir zunächst hinauf zur

Oswald von Wolkenstein begegnet dem Leser dieses Führers an mancher Stelle. Er ist eine der herausragenden Gestalten der Südtiroler Landesgeschichte. Der abgebildete Gedenkstein des Ritters und Minnesängers steht seit 1408 auf dem Friedhof zu Brixen.

Ruine, die auf einem überhängenden Fels steht. Dahinter befindet sich eine Sitzgruppe. Schließlich steigen wir auf einem geländergesicherten Steig in den Innenhof hinauf.

Hinunter geht es dann wieder zur Wegkreuzung, links auf Weg Nr. 3 weiter abwärts, bis wir nach Serpentinen erneut eine Wegkreuzung erreichen. Der Steig 3b geht hinauf nach Salegg. Wir folgen ihm hinunter zum Ausgangspunkt unserer Wanderung.

Zufahrt: auf der Seiser-Alm-Straße, 8 km von Völs, 18 km von Blumau an der Brennerstraße.
Busverbindung: Seis.
Einkehrmöglichkeiten: keine, außer in Seis.
Auskunft: Tourismusverein I-39040 Seis, Schlernstraße 16, Telefon 0471/707024.
Karte: Tabacco-Wanderkarte 1:25 000, Blatt 05 „Gröden – Seiser Alm".

17. Völs am Schlern

Die Feste aus der Maximilianszeit

Wer von Blumau aus auf der Brennerstraße ins Schlerngebiet fährt, stößt nach dem zweiten Tunnel hoch über dem Schlernbach auf ein Fahrsträßchen, das rechts abzweigt und, kühn in den Hang gebaut, zum kleinen Weiler Prösels hinaufzieht. Auf diese Weise läßt sich Schloß Prösels erreichen. Man kann auch zu Fuß hinaufgehen. 200 Höhenmeter sind dabei zu überwinden. Aber in einer guten halben Stunde Gehzeit ist man oben.

Das Schloß der Herren von Prösels bei Völs zeigt das Wehrsystem der Maximilianszeit. Es gibt sieben Tortürme, mehrere Tore, Zwinger, Rondelle, vielfach geformte Schießscharten, Pechnasen. Interessant ist der geschlossene, malerische Burghof mit einem loggienartigen Verbindungsgang, einer offenen, gewölbten Halle mit Spitzbogenöffnungen und Achteckpfeilern an der Freitreppe und an der Loggia des ersten Stockes. Entstanden ist die Burg im

Prösels – eines der imposantesten Südtiroler Schlösser.

frühen Mittelalter. Die Herren von Völs haben sie erbaut. Das
Wappen mit der Jahreszahl 1511 ist am Tor angebracht. Es stammt
vom Landeshauptmann Leonhard, der der Burg auch die heutige
Gestalt gab. Bis zum Aussterben des Geschlechts im Jahre 1804

war sie im Besitz der Herren von Völs. In den darauffolgenden Jahren gab es mehr als ein Dutzend Besitzerwechsel. Heute gehört die Burg dem Kuratorium Schloß Prösels GmbH, das den Bau mustergültig instand gesetzt hat. 1982 wurde er zur Besichtigung freigegeben. Dort, wo das Schloß steht, auf einer Kuppe hoch über dem Schlernbach, gab es schon in vorgeschichtlicher Zeit Siedlungen. 1279 ist zum ersten Mal der Name eines Castrum Presil aufgetaucht.

Wir gehen von der Bushaltestelle nach dem zweiten Tunnel – ab Blumau bis hierher etwa 6,5 km, von Völs etwa 3 km – das kurvenreiche Sträßchen aufwärts. Steil im Bogen zieht es die Wiesen hoch und in den Wald hinein. Bald wird das Schloß zum erstenmal sichtbar, und jenseits des Schlernbachs liegt Völs fast in gleicher Höhe. Dann ist der Geländevorsprung mit dem Schloß erreicht. Es liegt rechts; links ist der Schloßhof und 100 m weiter ein Parkplatz. Auf dem Sträßchen kommen wir nach wenigen Schritten in den Weiler Prösels mit dem Gasthof Pröseler Hof. Und vom Schloßhof können wir in Serpentinen hinaufsteigen auf eine Kuppe, auf der ein 13 m hoher vierkantiger Turm steht, ein Aussichtsturm, der innen über Leitern bestiegen werden kann. Großartig ist von hier der Ausblick ins Schlerngebiet.
Zurück auf dem gleichen Weg, wobei es nach dem Bachübergang eine Abkürzung über die Wiesen gibt.

Zufahrt: 6,5 km ab Blumau an der Brennerstraße, etwa 3 km von Völs. Busverbindung von Blumau und Völs.
Einkehrmöglichkeiten: im Pröseler Hof in Prösels.
Führungen im Schloß Prösels: Telefon 0471/601062.
Auskunft: Tourismusverein I-39050 Völs am Schlern, Bozner Straße 4, Telefon 0471/725047.
Karte: Kompaß-Wanderkarte 1:50 000, Blatt 54 „Bozen".

18. Seiser Alm

Im Wanderparadies der Dolomiten

Hinter Seis, wenn man von Blumau kommt, zweigt eine Straße nach Compatsch auf der Seiser Alm ab. Es geht von knapp 1000 auf 1850 m Höhe zu einem der großen Parkplätze, von denen aus die zahlreichen Wanderungen in das Seiser-Alm-Gebiet beginnen. Dieses riesige Weidegebiet, teils mit Bäumen bestanden, unterbrochen von Sumpfflächen, bildet die größte Hochalm Europas, 50 qkm umfassend, in einer mittleren Höhe von 1900 m über dem Meeresspiegel, umrahmt von einem Kranz der schönsten Berggruppen der Dolomiten: von der wuchtigen Sellagruppe, vom herrlichen Langkofelmassiv, von den Roßzähnen und vom Schlern. Reich ist die Wiesenflora, und in der Landschaft mit den vielen Bächen, den großartigen Wäldern und den verstreut weidenden Herden gibt es 400 Schwaigen in ladinischer Bauart.

Zu beachten ist, daß im Sommer alle Straßen ab Compatsch gesperrt sind. Es gibt aber für Gäste Fahrererlaubnisscheine, wenn sie wenigstens fünf Tage in einem der Hotels wohnen, die im Naturschutzgebiet liegen, das – 16 km lang und 12 km breit – ein welliges Hochland mit Mulden, Tälern, Hügeln und Kuppen, mit Bächen, Quellen, Mooren und Weihern, mit Wiesen, Waldungen und Weiden birgt. Jahrhundertealt sind die von der Sonne braun gefärbten Hütten und Heustadel, urig die Schupfen und Schwaigen, die vielen Gasthöfe – weit verstreut hier – und die bewirtschafteten Hütten. Ideal ist dieses Gebiet zum Wandern. Von Juni an beginnt der Bergsommer mit einer Fülle bunter Blumen. Seilbahnen und Sessellifte ersparen manchen Weg.

Zufahrt: von Seis über St. Valentin, 10 km.
Busverbindung: von Bozen über Blumau, Völs, Seis, Kastelruth, Seiser Alm.
Einkehrmöglichkeiten: in zahlreichen Gasthöfen.
Auskunft: Tourismusverein Seiseralm, I-39040 Seiseralm, Compatsch 50, Telefon 0471/727904.
Karte: Tabacco-Wanderkarte 1:25 000, Blatt 05 „Gröden – Seiser Alm".

*Die Seiser Alm ist das wohl meistbesuchte Ausflugsziel Südtirols.
Unmittelbar vor den Spaziergängern ragt das Wahrzeichen des
Landes, der Schlern, auf.*

19. Welschnofen

Auf den Spuren der Kaiserin Sissi

1896 ist am Karersee ein Grandhotel errichtet worden, das später Treffpunkt der internationalen High-Society war; prominentester Gast war die österreichische Kaiserin Elisabeth. Sie weilte im Sommer 1897, ein Jahr vor ihrem Tod, hier. Ein Denkmal und eine Promenade erinnern an ihren Aufenthalt. Wir spazieren ein Stück auf der Promenade, kurz, aber steil, 400 Höhenmeter überwindend, ebener dann hinüber zur Talstation der Rosengartenbahn und gemächlich, parallel der Auffahrtsstraße, hinunter; insgesamt über 6 km.

Wir sind in König Laurins Reich, in der sagenumwobenen Dolomitenregion, zu Füßen der berühmten Türme des Rosengartens und des Latemar. Die Feriensiedlung Karersee ist ein Teil der Gemeinde, die auf eine alte langobardische Siedlung zurückgeht und in der während des Mittelalters Bergbau betrieben wurde. Bis in die Gegenwart haben sich Bräuche und die Welschnofner Tracht erhalten. Die alten Haus- und Hofformen gibt es allerdings nicht mehr. Charakteristisch ist der Welschnofner Dialekt. Der Ort ist bis in die Mitte des 13. Jahrhunderts Teil der großen Gerichtsgemeinde Völs und der Völser Pfarre gewesen. 1257 ging die Pfarre an die Zuständigkeit des Klosters Neustift über. Die Pfarrkirche ist den Heiligen Ingenuin und Albuin geweiht. Die St.-Sebastians-Kirche ist romanisch. Interessant im Hotel Karersee ist eine Darstellung Dietrichs von Bern und des Zwergenkönigs Laurin, geschaffen von Albert Stolz.

Ausgangspunkt unserer Wanderung ist der Gasthof Post in Welschnofen. Ostwärts geht es auf Weg Nr. 6 steil durch den Wald zum Sohler in 1556 m Höhe. Großartig ist dabei die Aussicht auf die Gipfelwelt des Latemar. Nun links ab auf Weg Nr. 3. Ebener dann zum Zenay und zum Elisabethdenkmal. Das erinnert an ihren Besuch in der Gemeinde am 10. August 1897, wo die 60jährige Kaiserin morgens um $3/4$ 6 mit der Eisenbahn in Bozen eintraf. Kurz nach 8 ging es mit Pferdekutschen die Karerseestraße hinauf. Der Besitzer des Grandhotels Karersee, Dr. Christomannos, war aus Meran

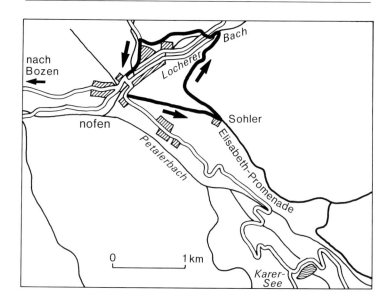

herbeigereist, um die hohe Frau zu begrüßen. Die Monarchin blieb bis 15. September und versprach, wiederzukommen. Aber am 10. September des darauffolgenden Jahres ist sie ermordet worden. Und so errichtete man beim Zenayhof in 1580 m Höhe ein Denkmal zur Erinnerung. Hauptbetreiber beim Zustandekommen des Erinnerungsmales war der Bergführer Georg Huck, genannt der Strutzer-Jörg, der die Kaiserin hierher begleitet hatte.

Weg Nr. 3 führt dann weiter bis zur Talstation des Laurinliftes und zum Gasthof Rosengarten.

Hinuntersteigen können wir dann nach Welschnofen zurück parallel zur Straße auf den Wegen Nr. 1n, 2c oder oberhalb 4d.

Zufahrt: von Bozen auf der Karerpaßstraße durch das Eggental, 20 km.

Busverbindung: Bozen, zum Karerpaß, nach Canazei, zur Marmolada-Seilbahn.

Dolomiten klassisch: Im Karersee, dem Ziel der hier vorgeschlagenen Wanderung, spiegeln sich die Türme des Latemar.

Einkehrmöglichkeiten am Weg und Ruhetage: Gasthof Post – Dienstag, Gasthof Rosengarten – Montag, Ratzöhlerhof.
Auskunft: Tourismusverein I-39056 Welschnofen-Karersee, Karerseestraße 21, Telefon 0471/613126.
Karte: Kompaß-Wanderkarte 1:35 000 „Welschnofen – Karersee".

Unteres Eisacktal

20. Klausen-Gufidaun

Nach Fonteklaus

Südlich von Gufidaun, durch die Schlucht des Zickerbachs getrennt, liegt Schloß Fonteklaus auf einer Anhöhe mit besonderer Aussicht. In einer Schenkungsurkunde von 1317 wird der Hof erstmals erwähnt. 1706 wurde er zu einem Gasthof umgebaut. Man kann hier einkehren und von der Höhe in weiter Runde 76 Kirchtürme zählen. Zum Wandererlebnis kommt also das Schauerlebnis, auch auf die Sarntaler und Pfunderer Berge und die Zillertaler Gletscher. Und für das leibliche Wohl ist auch gesorgt. In 1 Stunde kann man bequem hinaufsteigen und in einer Dreiviertelstunde zurückgehen. Fonteklaus ist mit dem Kfz erreichbar.

Gufidaun liegt auf einer Terrasse über Klausen. Weit reicht der Blick in den Brixener Talkessel und nach Klausen mit der Felsenburg Säben im Hintergrunde. Hoch droben über der Einmündung des Villnößtals in das Eisacktal haben schon lange Menschen gesiedelt. Prähistorische Steinwälle zeugen davon, Siedlungsspuren auf mehreren Hügeln um Gufidaun, Funde aus der Bronzezeit, Schalensteine. Der Name Gufidaun läßt sich schwer deuten. Kommt er vom romanischen Cubidunes, aus Cubitum, was Ellbogenkrümmung oder -biegung bedeutet, oder vom romanischen Guffo, also Hügel? Jedenfalls wird der Name Cubidunes 950 zum erstenmal genannt. Im 13. Jahrhundert ist Summersberg (achteckiger Hexenturm) Gerichts- und Verwaltungssitz für Lajen, Gufidaun, Albeins bis nach Afers, Teis, Villnöß, Enneberg, Corvara und Colfuschg im ladinischen Gadertal.
Von der Pfarrkirche des Ortes, St. Martin, ist 1280 schon die Rede. Der Friedhof entstand 1428. Nahebei steht Schloß Summersberg auf einem Felsen, der steil gegen den Villnösser Bach abfällt. Die ältesten

*Gufidaun liegt auf einer Terrasse über Klausen und ist seit urge-
schichtlichen Zeiten besiedelt.*

Teile der Burg sind im 13. Jahrhundert entstanden. Die heutige Form
erhielt das Schloß im 16. Jahrhundert. Und heute noch ist es von den
Nachfahren des Tiroler Volkskundlers und Germanisten Ignaz
Vinzenz von Zingerle bewohnt. Eine weitere Burg gibt es im Ort, die
Koburg. Ursprünglich war sie im Besitz der Herren von Gufidaun.
Um 1400 übernahm dann Wolfhard Zobel aus Eppan das Schloß,
bevor es an das Geschlecht der Mayrhofer überging. 1814 wurde es
bäuerlicher Besitz, und 1883 erwarb es Tobias von Wildauer. Heute
bewohnen die Erben des Hofrats Huber aus Innsbruck den Bau.

Bei unserer Wanderung folgen wir der Markierung 6a, die südwärts
aus dem Ort hinausführt. Am Pestbildstock aus dem 15. Jahrhundert zweigt der Weg 6a rechts von der Fahrstraße ab. Aufwärts geht
es in den Wald, bis am Zickerbach der Weg leicht abfällt. Jenseits
wandern wir rechts weiter bis zu einem Hohlweg, um dann links

einen steilen Holzweg hinaufzusteigen, der auf die Fahrstraße stößt, die von Klausen zum Schloß hinaufzieht. Für jene, die einen bequemen Weg vorziehen, gibt es eine Variante: Nach dem Hohlweg kann man, anstatt links aufwärts, geradeaus weitergehen zu den sogenannten Märchenwiesen, wo man auf die von Klausen kommende Fahrstraße gelangt. Das ist bedeutend weniger steil und bringt nur 10 Minuten Umweg. Die Kapelle oberhalb Fonteklaus steht nur 20 Schritte neben dem Ansitz und ist dem heiligen Rochus geweiht.

Zufahrt: von Klausen 3 km, von der Haltestelle Villnöß her 2 km, von Außermühl (Straße nach Villnöß) 1 km.
Bozen – Klausen Bus- und Bahnverbindung; Klausen-Gufidaun keine regelmäßige Busverbindung.
Einkehrmöglichkeiten: Turmwirt, Gasthof Sonne, Unterwirt, Gasthof Gnoll, Gasthof Torggler und Schloß Fonteklaus: Dienstag Ruhetag, geöffnet vom 25. März bis 15. November.
Koburg und Summersberg sind nicht zu besichtigen.
Zu den Besonderheiten Gufidauns gehört das interessante Dorfmuseum. Führungen von 10.30 bis 12 und von 17.30 bis 18.30 Uhr, außer an Sonntagen, von Frühjahr bis Spätherbst.
Auskunft: Tourismusverein I-39043 Gufidaun, Frakt. 40, Telefon 0472/844048.
Karte: Mapgraphic-Wanderkarte 1:25 000, „Bozen und Umgebung".

21. Klausen

Die Kirche von Säben

Die Benediktinerinnenabtei oberhalb Klausens läßt sich nicht mit dem Pkw anfahren. Eine Zufahrt gibt es nur über Pardell, und vom Endpunkt des Sträßchens muß man noch gut 10 Minuten über einen dammartigen Grat wandern, um dann steil hinaufzusteigen auf den Klosterberg. Der reguläre Zugang zum Kloster beginnt in Klausen. 250 Höhenmeter sind zu überwinden. Man kann nach dem Stufen-

Hoch über Klausen thront das Benediktinerinnenkloster Säben, die „Akropolis Tirols".

weg bis zur Burg Branzoll wählen zwischen dem Stationsweg, dem Kreuzweg also, und der Promenade. Beide sind steil und erfordern eine halbe Stunde Gehzeit.

Säben ist das Wahrzeichen des Eisacktals. Unter der Wehrmauer der mittelalterlichen Burganlage, zu der ein alter Pilgerweg hinaufführt, liegen im Weinberg die Reste der ersten Säbener Bischofskathedrale, eindrucksvolle Fundamente aus dem 5. und 6. Jahrhundert; man deutet sogar ein frühchristliches Gotteshaus aus dem 4. Jahrhundert. Funde aus der Jungsteinzeit, aus der Zeit zwischen 4500 und 200 v. Chr., und aus der Bronzezeit, der Hallstattzeit, sowie aus der Römerzeit weisen auf eine frühe Besiedlung dieses Dioritfelsens hin.

Der älteste Kirchenbau hier oben lag an Stelle der kleinen Marienkapelle neben der großen Rundkirche, der sogenannten Gnadenkapelle. Die Sakristei birgt ein aus dem Felsen gehauenes Taufbecken aus der zweiten Hälfte des 4. Jahrhunderts; es gehört zu einer spätrömischen Wohnsiedlung. Der Zentralbau der Liebfrauenkirche wurde 1652–1658 erbaut. Es war ein Dank der Klausener Bürger für die Verschonung vor der Pest.

Die Klosterkirche aber ist ein Barockbau aus der Zeit der Klostergründung, und das war 1687. Sie wurde auf den Ruinen der einstigen bischöf-lichen Burg errichtet. Die Heiligkreuzkirche ist der Dom des Bischofs Ingenuin. Die Mauern lassen auf ein hohes Alter der Kirche schließen. Der heutige Bau war einst Palastkapelle der bischöflichen Burg aus dem 13. Jahrhundert und steht auf den Fundamenten einer frühchristlichen Doppelkirche, deren nordwestlicher Teil das Grab des heiligen Räterbischofs Ingenuin aus dem Jahre 605 aufnahm.

Wir wandern vom Ortszentrum Klausen, der kleinsten Stadt Südtirols – der südlichsten des Eisacktals, deren malerische Gassen mit erkergeschmückten alten Bürgerhäusern bezaubern – über Stufen hinauf zur Burg Branzoll. Sie wurde von den Herren von Säben im 13. Jahrhundert erbaut, später von bischöflichen Richtern und Pflegern bewohnt, weshalb der Turm Burghauptmannsturm genannt wird. Dann haben wir die Wahl, nach links über den Kreuzgang hinaufzusteigen, zwischen Weinbergen an einem Gehöft vorbei, oder rechts den Promenadenweg zu gehen. Man kann für den Abstieg jeweils die andere Route nehmen. Es gibt noch eine dritte Möglichkeit, indem man den Klosterbezirk durch einen Tunnel in Richtung Pardell verläßt. Es geht zunächst steil bergab und nach der Brücke links, der Wegmarkierung 1 folgend.

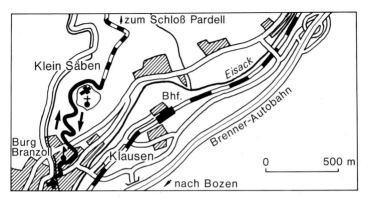

Zufahrt: von Bozen 32 km, von Brixen 10 km, an Autobahn und Brennerstraße.

Bus- und Bahnverbindung.

Einkehrmöglichkeit: am Weg keine.

Besichtigung von Gnadenkapelle und Liebfrauenkirche: Dienstag und Freitag 14–17 Uhr, Samstag und Sonntag 10–12 und 14–17 Uhr.

Auskunft: Tourismusverein I-39043 Klausen, Thinneplatz 6, Telefon 0472/847424.

Karte: Mapgraphic-Wanderkarte 1:25 000, „Brixen und Umgebung".

22. Waidbruck

Näheres über die Wolkensteiner und Modelle von Südtiroler Burgen

Zur Trostburg der Wolkensteiner gehen wir auf dem Rittersteig von Waidbruck aus 200 m aufwärts. Das dauert eine halbe Stunde – oder etwas länger, wenn wir den Turm oberhalb besichtigen. Der Besuch der Burg braucht auch seine Zeit. Und zurück sind wir in nochmals einer guten halben Stunde. Gut, aber steil sind die Wege, steinig der Aufstieg, geteert der Abstieg, großartig die Sicht unterwegs.

79

Die Autostraße aus dem Grödner Tal mündet bei Waidbruck an der Starzerbrücke. Bis zum Bau des Kunterswegs im Jahre 1314 entlang der Eisackschlucht von Kollmann – Waidbruck nach Bozen mußte man entweder über den Ritten oder über den Weg zur Trostburg nach Kastelruth, Seis, Völs einen mühevollen und schwierigen Bergweg in Kauf nehmen, um diese Orte zu erreichen. Das Gebiet von Waidbruck-Kollmann spielte also eine besondere Rolle im Nord-Süd-Verkehr über den Brenner. Außerdem mündete der Heidenweg oder Salzweg vom Adriatischen Meer her über die Dolomiten, als Troi Paian bekannt, in Waidbruck, wo er über die Brücke mit dem Brennerweg verbunden war.

Die Siedlung verdankt ihre Entstehung dieser Brückenfunktion Bis Ende des 17. Jahrhunderts wurde der Ort auch Pruk genannt, 1330 ist hier ein Hospiz für Pilger und Reisende errichtet worden. Zur gleichen Zeit entstand eine Kapelle, dem heiligen Jodok geweiht. Er war der Patron der Pilger und Reisenden. Eigenartig an der Kapelle, die heute Kirche ist, ist die Gestaltung des Turmes. Der Kirchturm sitzt auf vier gemeißelten, massiven Porphyrpfeilern unmittelbar vor dem Kirchenportal und bildet somit eine Vorhalle vor dem Eingang. Seltsam auch die grüne Bemalung des Daches. Die spätgotischen Fresken im Innern und am Eingang zur Kirche wurden 1976 freigelegt. Waidbruck ist übrigens die kleinste Gemeinde Südtirols.

Über dem Ort auf einem Fels thront die mächtige Trostburg. Um 1220 haben die Herren von Trostberg den Bau begonnen. Dann zogen die Grafen von Wolkenstein ein und vergrößerten ihn. Oswald von Wolkenstein, der Minnesänger, soll hier geboren worden sein. Das ist jedoch nicht bewiesen, aber die Burg war lange Zeit in seinem Besitz. Der Name hat mit dem hochdeutschen Wort „Trost" nichts zu tun. Er bezieht sich auf die alte rätoromanische Bezeichnung „Tros" oder „Troi" für Weg, also Burg am Weg. 1970 überließen die Wolkensteiner ihre Burg dem Südtiroler Burgeninstitut. Dieses Institut hat seither viel für die Unterhaltung der Trostburg getan und sie auch für die Besichtigung geöffnet. Restauriert wurde die Zirbenstube. Ausstellungen über die Geschichte der Wolkensteiner sowie über das Leben auf Burgen erweitern den historischen Blick, wie im Burgenbüchlein von Dumler zu lesen ist. Modelle

Die ehemals wolkensteinische Trostburg ist das Wahrzeichen von Waidbruck.

von Südtiroler Burgen sind ausgestellt – ein interessantes Erlebnis, das hier geboten wird.

Wir gehen vom Oswald-von-Wolkenstein-Platz rechts den Rittersteig hinauf – das ist Weg Nr. 1 – halten uns links über den Steinweg steil an einem Gehöft vorbei und erreichen alsbald über einen schattigen Steilpfad das Burggelände. Wir können weiter hinaufsteigen zum Römerturm, einem der sieben Rundtürme Südtirols, und wieder hinunterwandern in das Gehöft der Burg. Den Rückweg treten wir auf dem Fahrweg an, der zunächst nach Süden hinunterzieht und dann in Serpentinen westwärts ins Tal führt, steil in Wein- und Obsthänge, geteert unter der Autobahnbrücke hindurch zur Straße Kastelruth – Seis – Völs. Auf dieser zurück zum Ausgangspunkt.

Zufahrt: über die Brennerbahnlinie und Brennerstraße sowie Brennerautobahn, 24 km von Bozen, 18 km von Brixen.
Ausgangspunkt und Haltestelle von Buslinien in die umliegenden Dörfer.
Burgführungen stündlich zwischen 10 und 12, 14 und 17 Uhr; dazu Auskünfte im Restaurant Gehring in Waidbruck oder beim Verkehrsverein.
Einkehrmöglichkeiten: in Waidbruck.
Auskunft: Tourismusverein I-39043 Klausen, Thinneplatz 6, Telefon 0472/847424.
Karte: Tabacco-Wanderkarte 1:25 000, Blatt 05 „Gröden – Seiser Alm".

23. Lajen

Zum Wetterkreuz

Die Wanderung führt durch eine großartige Landschaft mit unbeschreiblich schönen Ausblicken ins Grödner Tal und in das Eisacktal, auf die Gipfelwelt der Dolomiten, des Schlern und der Zillertaler Gletscherberge. Sie beansprucht 1 1/2 Stunden Gehzeit: Obwohl Start- und Zielpunkt in der Höhe nicht differieren, sind schon einige

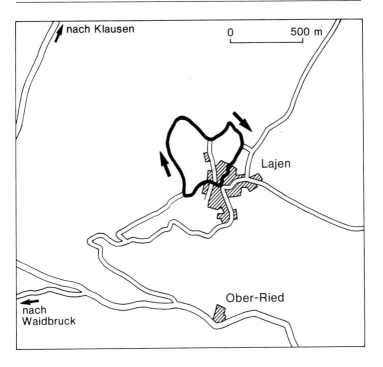

Höhenmeter zu überwinden. Die Wege sind jedoch bequem, und Zeugen der Vergangenheit liegen an ihnen, wie Schalensteine, prähistorische Siedlungsstätten. In kurzen Abständen laden Bänke an aussichtsreichen Stellen zur Rast.

Der stattliche Bauern- und Fremdenverkehrsort Lajen liegt majestätisch am westlichen Ausläufer des Tschanbergs, am Fuß der 2280 m hohen Raschötz, des Lajener Hausbergs, 400 m über der Schlucht des Grödner Bachs, fast 600 m über dem Eisacktal. Das Brauchtum wird in dieser bäuerlichen Landschaft gepflegt. Prozessionen und Trachtenfeste zeugen davon. Hier gibt es einen der schönsten Almabtriebe des Eisacktals am Rosari- oder Rosenkranzsonntag; das ist der erste Sonntag im Oktober. An Festtagen prägen Trachten das Bild des Dorfes. Im Ort befindet sich der Vogelweiderhof, von dem man sagt, daß der Minnesänger und Poet Walther von der Vogelweide hier zu Hause war. Doch die Literaturhistoriker sind der Meinung, daß eher der Unterfinserhof, weiter südlich an der Lajener Straße, ein uraltes Bauernhaus (es stand schon um 1150), sein Geburtshaus ist. Der Ort hat seinen Ursprung in einer vorrömischen, vorgeschichtlichen Siedlung: Er kam 1199 unter Otto von Andechs an das Bistum Freising. Dicht beieinander stehen zwei Kirchen: am Westrand die Pfarrkirche, 1845 im spätbarocken Stil erbaut, und die gotische Liebfrauenkirche, schon 1147 erwähnt.

Vom Lajener Dorfplatz aus gehen wir der Wegbezeichnung Nr. 35 nach, und zwar bergab nach Südwesten. Wir sind auf der Lajener Straße, die nach Waidbruck hinunterführt. Vorbei am „Schießstand" zweigt nach rund 100 m rechts (am Schild) ein Steig gegen Westen, der mit Nr. 1 markiert ist. Bald sieht man links des Steiges auf einer Steinplatte sogenannte Schalensteine, die aus vorgeschichtlicher Zeit stammen. Nach 5 Minuten kommen wir zu einem ebenen Plätzchen und gehen links davon ein paar Schritte aufwärts. Dort steht mitten unter jungen Föhren das Wetterkreuz. Auf diesem Bühel sind noch Reste vorgeschichtlicher Wallburgen zu sehen. Schön ist der Ausblick hinunter ins Eisacktal und hinüber zu den Sarntaler Bergen. Wir gehen zurück zur Lichtung am Hang und weiter auf einem unmarkierten, aber gut begehbaren Steig nach Norden, eben durch den Wald, dann ostwärts schwenkend, den Wasserbühl nördlich umgehend, bis unser Weg in den Weg Nr. 5 einmündet und zurück ins Dorf führt. Vom Försterhaus kann man rechts abzweigen und einen Abstecher machen nach Westen zum Wasserbühl. Auch dort steht ein Wetterkreuz, und auch dort gibt es Reste von prähistorischen Wallburgen.

Ein Panorama, das schöner nicht sein könnte: Sella- und Langkofelstock, von Tschövas aus gesehen.

Zufahrt: von der Brennerstraße, Abzweig von Waidbruck, 8 km, oder von der „Grödnerbahnstraße" (hier verlief die ehemalige Grödner Bahn), die als Staatsstraße 242 d bei Klausen beginnt, nach 8 km Abzweig, 3 km aufwärts.

Busverbindung: mit Waidbruck und Klausen, im Sommer auch mit St. Ulrich.

Einkehrmöglichkeiten: in vier guten Gasthöfen im Ort Lajen und in mehreren Gasthöfen in den Fraktionen St. Peter, Ried, Albions, Freins und Tschövas.

Auskunft: Tourismusverein I-39040 Lajen, Zentrum 32/A, Telefon 0471/655633.

Karte: Tabacco-Wanderkarte 1:25 000, Blatt 05 „Gröden – Seiser Alm".

24. Barbian

Spaziergang zu den drei Kirchen

Jedem Besucher dieser noch unversehrten Landschaft – keine Straße führt nach Dreikirchen – voll der Schönheit des unteren Eisacktales, die vielfältige Gestalt von Berg, Wald und Wiesenflächen widerspiegelnd, wird die unerklärbare Ausstrahlung dieses Berghanges zum großen Erlebnis. Man hat bisher keine Urkunden gefunden, die Licht in die Entstehung der drei Kirchen und des Heilbades Bad Dreikirchen gebracht hätten. Eine Dreiviertelstunde benötigt man von Barbian aus für diese Wanderung auf bequemen Wegen, die immerhin gut 300 Höhenmeter überwindet, aber durch den Abwechslungsreichtum der Landschaft die Zeit schneller vergehen läßt.

Das Dorf liegt hoch über der Eisackfurche, nördlich von Bozen, in 800 bis 900 m Höhe auf einer sonnigen, fruchtbaren Terrasse. Unter den acht Wasserfällen im Gemeindebereich ist der berühmteste der des Ganderbachs. Zu den ältesten Bauteilen im Dorfzentrum gehört der schief zur Kirche St. Jakob geneigte Turm aus dem 12. oder 13. Jahrhundert. 1682 wurde in Barbian eine Kuratie, erst 1903 eine

Dreikirchen: Die Entstehung der drei Gotteshäuser hoch über dem Eisacktal liegt im Dunkel der Geschichte. Am Horizont der flache Gipfel der Plose, daneben der Peitlerkofel.

eigene Pfarre errichtet. In der heutigen Fraktion Kollmann hat einst eine römische Zollstation „Sublavio" gestanden. Sie wurde 1927 beim Bau des Staubeckens entdeckt. Von hier stieg im Mittelalter die Brennerstraße zum Ritten auf, von wo sie nach Bozen weiterführte. Erst 1314 wurde der sogenannte Kuntersweg als Saumweg ausgebaut. 1483 hat Herzog Sigismund das schloßartige Zollhaus errichtet, nachdem der alte Kuntersweg um 1480 zur Fahrstraße verbreitert worden war.

Die Kirche zur Heiligsten Dreifaltigkeit in Kollmann wurde als Zollkapelle 1588 eingeweiht. Älter ist das hart an der Straße gebaute Kirchlein zum heiligen Leonhard, bereits 1406 Gotteshaus.

Eine Kostbarkeit ist die den Heiligen Ingenuin und Albin geweihte Kirche im Weiler Saubach.

Dreikirchen liegt in 1120 m Höhe; es behütet in seiner Waldeinsamkeit drei kleine Kirchen mit Steildach und Glockentürmchen und daneben ein behäbig ausladendes Badehaus, das die Jahreszahl 1315 trägt. Der Aufstieg dorthin ist sehr lohnend, und auch für kunstgeschichtlich Interessierte ist etwas geboten: Zwei Kirchlein, St. Nikolaus und St. Gertraud, gehen auf die romanische Bauzeit zurück. Das dritte, der heiligen Magdalena geweiht, wurde um 1500 erbaut. In ihr wurde Jakob Müller aus Augsburg, der in Krößbrunn, eine gute Stunde oberhalb Dreikirchen, 25 Jahre lang als Einsiedler gelebt hat, im Jahre 1677 begraben.

Wer seine Wanderung noch eine halbe Stunde fortführt, kommt bei 1310 m Höhe zum Berghotel Briol, wo sich erst die volle Schönheit dieses Gebiets auftut. Die freie Aussicht reicht vom Zillertaler Grenzkamm über die Zacken der Dolomiten bis zu den Fleimstaler Bergen. Und wer ein scharfes Auge hat, kann in den zahlreichen Dörfern und Weilern im Tal und auf den Berghängen mindestens 40 – manche behaupten sogar 70 – Türme von Kirchen und Kapellen entdecken, die seit Jahrhunderten das Landschaftsbild mitbestimmen.

Vom Ortszentrum südwärts auf Weg 8 A, beim Hof Palwit auf dem gesperrten Güterweg im Wald aufwärts. Rückweg auf Weg 8, der südlich den Wald hinunterführt, dann nach Westen biegt, in den Weg 3 mündet und nun über freie Flächen in großem Bogen zum Ausgangspunkt zurückführt.

Zufahrt: Barbian liegt 20 km nördlich von Bozen, auf der alten Brennerstraße in Höhe von Waidbruck westlich die Bergstraße hoch. Auch über den Ritten gibt es eine Zufahrt, und zwar über Klobenstein.

Einkehrmöglichkeiten: Messnerhof in Dreikirchen und Pension Bad Dreikirchen, ggf. Gasthof Briol.

Die Schlüssel für die drei Kirchen erhält man beim Messnerhof in Bad Dreikirchen.

Auskunft: Tourismusverein I-39040 Barbian, St. Jakob 41, Telefon 0471/654411.

Karte: Kompaß-Wanderkarte 1:50 000, Blatt 54 „Bozen".

25. Steinegg

Aussichtspunkt und Erdpyramiden

In und um Steinegg gibt es eine Reihe von Wanderungen, die sehr lohnend sind und herrliche Aussicht auf Rosengarten und Schlern und die umliegende Bergwelt bieten. Zwischendurch laden so manche Bänke zum Verweilen und manche Jausenstationen zum gemütlichen Einkehren ein. Unser Ausflug zu den Erdpyramiden kann in zwei Stunden bewältigt werden, etwa 100 Höhenmeter sind dabei zu überwinden.

Das Dorfzentrum Steinegg liegt auf einer Terrasse über dem Eisacktal in einer Höhe von 823 m, das Dorf selber erstreckt sich jedoch über einen Bereich von etwa 700 m bis 1323 m. Urkundlich erwähnt wird der Ort das erste Mal im Jahr 1227, doch haben verschiedene Funde und Ausgrabungen erwiesen, daß er schon mehr als 200 Jahre zuvor eine wichtige Rolle gespielt hat. Man glaubt, Wallburgen und Wohngruben gefunden zu haben.

Unterhalb des Dorfes finden sich noch Mauerreste der Burg Steinegg, über deren Erbauung kaum etwas bekannt ist. Seit dem 14. Jahrhundert blieb die Burg im Besitz der Liechtensteiner. Der damalige Herzog Friedrich ging auch gegen die Herren von Steinegg scharf vor und zerstörte ihr Schloß, das seither nicht mehr aufgebaut worden ist. Eine weitere Sehenswürdigkeit sind die bis zu 35 m hohen Erdpyramiden. In der Nähe des Ebenhofes steht ein schönes Peststöcklein mit gut erhaltenen Fresken aus dem zweiten Viertel des 15. Jahrhunderts.

Auch das Hochplateau vom Gummer ist sehr wahrscheinlich schon früh besiedelt gewesen. Auf 1297 m Höhe wurde ein dem Gott Saturn geweihter Weihestein gefunden, der auf das Ende des 1. Jahrhunderts datiert wird. Der Name Gummer wird vom keltischen Gomboros abgeleitet, was soviel wie „Geröll" bedeutet.

Bis Anfang der sechziger Jahre war Steinegg (der Ort ist die größte Fraktion der Gemeinde Karneid) zumindest als Fremdenverkehrsort noch weitgehend unbekannt und nur über einen schmalen Fahrweg erreichbar, der an steilen Felswänden und Abgründen vorbeiführte. Erst 1969 ist eine Straße von Blumau her gebaut worden.

Steinegg liegt auf einem Hochplateau über dem Eisack zwischen Eggen- und Tierser Tal.

Vom Dorfzentrum ausgehend wandern wir am Vereinshaus vorbei und stoßen nach wenigen Minuten auf die „Weißes-Bild-Kapelle". Wir gehen die Straße weiter bis zur Kehre und biegen dort links ein. Am Glirghof vorbei gelangen wir so in kurzer Zeit zu den Erdpyramiden. Oberhalb dieser gehen wir auf asphaltierter, jedoch wenig befahrener Straße rechts weiter, wieder in Richtung der Hauptstraße Steinegg – Gummer. Etwas unterhalb des Herrnwieshofs biegen wir links in den Weg Nr. 2a ab. Diesem folgend kommen wir am Kummerhof vorbei. Auf dem W-

Weg, der bald rechts abzweigt, gehen wir weiter und kommen sodann auf dcn Weg Nr. 2, der, links abbiegend, zum Ebenhof führt. Dort steht auch das erwähnte Pestbildstöcklein. Zurück gehen wir auf dem Weg Nr. 2 bis zum Ortszentrum, das wir beim Café Christl erreichen.

Zufahrt: von der Autobahnausfahrt Bozen-Nord in halbstündiger Fahrt auf serpentinenreicher Straße (Abzweigung in Blumau beachten), 12 km. Von Bozen 14 km.
Auskunft: Tourismusverein I-39050 Steinegg, Frakt. 97, Telefon 0471/376574.
Karte: Kompaß-Wanderkarte 1:50 000, Blatt 54 „Bozen" und Wanderkarte des Verkehrsvereins 1:35 000.

Register

Afers 74
Aicha 40
Albeins 74

Barbian 86, 88
Bichl 21
Blumau 66, 68 f., 90
Bozen 50, 69, 71, 87
Branzoll 77
Brenner 20
Brennerbad 15
Brennerpaß 15
Brennerstraße 20, 27, 33, 66, 87
Brixen 23, 37 f., 56, 63
Burg Branzoll 78

Col de Flam 56
Colfuschg 74
Compatsch 69
Corvara 74

Dreikirchen 86, 88

Eisack 27, 37, 40

Eisack-Promenade 15 f.
Eisacktal 27, 43, 46, 74, 77 f.,
    82 f., 86, 89
Eisacktalschlucht 80
Elvas 40
Elzenbaum 30 f.
Enneberg 74
Eppan 75
Erdpyramiden 89

Feldthurns 46, 50
Fischburg 58, 60
Flading 21
Flains 20
Flötscher Weiher 42
Fonteklaus 74, 76
Freienfeld 15, 27, 30 f.

Gadertal 74
Gampenalm 51
Gasteig 21
Gifen 44
Gilfenklamm 24, 26
Gossensaß 13 ff.

Zur vorangegangenen Doppelseite:
Der Abschied eines Tages. Lajen-Tanürz.

Gröden 58
Grödner Bach 83
Grödner Joch 60
Grödner Tal 54, 56 f., 62, 80, 82
Gufidaun 74 f.
Gummer 89

Hauenstein 63 f.
Hofburg 37, 40
Hühnerspiel 14
Hühnerspielalm 13
Hühnerspielhütte 15
Hühnerspielplatz 15
Jaufenpaß 20 ff.
Jaufensteg 26
Jaufenstraße 21

Karersee 71
Karerseestraße 71
Karneid 90
Kastelruth 63, 69, 80, 82
Klausen 60, 76, 78
Klausen-Gufidaun 74
Kollmann 80, 86 f.
Kuntersweg 87

Lajen 74, 82 ff.
Langental 59 f.
Latemar 71

Mareit 21 ff.
Maria Trens 27, 31
Mauls 30
Maulser Tal 31
Meran 71

Moos 20
Mühlbach 42, 44, 50

Naturpark Puez-Geisler 51, 59
Natz 36, 41 f.
Natz-Schabs 40
Nauders 44
Neustift 33, 36, 40, 42, 71

Oberschnauders 50

Pardaun 24, 26
Pardell 76
Penser Joch 20, 31
Penser-Joch-Straße 27
Pfitscher Tal 16
Pflerschtal 15
Plan 60
Platzalm 15
Pontigl 15
Prissian 64
Prösels 63, 66
Pustertal 43

Raas 40
Ratschings 21
Ratschingstal 21, 24, 26
Reifenegg 24
Reifenstein 30 f.
Ridnauner Bach 26
Ridnauntal 20 ff., 27
Riedberg 15
Rienz 37, 40, 43 f.
Ritten 80
Ritten 87
Rodeneck 42 f.

Rosengarten 71
Ruine Straßberg 13

Säben 74, 76 ff.
Saubach 87
Schabs 41 f.
Scherngebiet 66
Schloß Moos 16
Schloß Prösels 68
Schnauders 46, 50
Schrambach 46
Seis 62, 64, 69, 80, 82
Seiser Alm 69
Sellajoch 60
Spinges 27
Sprechenstein 15 f., 20
St. Christina 56 f., 62
St. Jakob 54, 56, 58
St. Johann 52
St. Magdalena 52
St. Pauls 44
St. Peter 52
St. Ulrich 54, 62
St. Valentin 69
Stange 21
Stange-Ratschings 24
Steinegg 89 f.
Sterzing 15 f., 23, 27

Sterzinger Rathaus 31
Stilfes 30 f.
Straßberg 14 f., 20

Teis 52, 74
Tötschling 39
Trens 27, 30 f.
Troi Paian 58
Trostburg 63, 79 f.

Vahrn 33, 36
Valgenäun 27
Velthurns 50
Vill 43 f.
Villnöß 51 f., 74
Villnößtal 52, 74
Viums 40, 42
Völs 64, 66 ff., 71, 80, 82

Waidbruck 62, 79 f., 84
Weiern 30
Welschnofen 71 f.
Wetterkreuz 82, 84
Wiesen 16, 20
Wipptal 23
Wolfsthurn 21, 23
Wolkenstein 58 ff.
Zannser Alm 51 f.